こどもの
みらい叢書
2

お山の幼稚園で育つ

山下太郎

世界思想社

はじめに

私が園長を務める北白川幼稚園は、京都東山三十六峰の一つ北白川山に位置します。園舎は自然に恵まれた小高い山の上にあり、五山の送り火で知られる大文字山が斜め向かいに見えます。別名〝お山の幼稚園〟とも呼ばれています。

心とからだの健康づくりこそ、幼児期につちかっておかねばならない教育の原点だと考え、私の園では創設以来七十年近く、先生たちによる歩いての送り迎えを実施しています。五つの集合地点から、それぞれのグループごとに先生といっしょに幼稚園のあるお山の上まで歩きます。雨の日も風の日も、みんな仲良く手をつないで二百段近い石段を登ります。年長児はたのもしく年下の子の手を引いてくれます。子どもたちは、毎日往復二キロ前後の道のりを歩くことで、ひとりでに足腰が強くなります。と同時に、社会に触れ、自然に触れ、時には困難に触れながら、耐える力、いとおしむ心、感動する心を身につけていきます。

お山の幼稚園では、自然のなかで遊ぶことを何よりも大切にしています。園舎の前の園庭は四季折々の草花に囲まれ、子どもたちは毎日力いっぱい遊びます。園庭奥の〝ひみつの庭〟（ビオトープガーデン）は自然観察の場であるとともに、野菜や花を植えて育てる場でもあります。さらに奥に進むと、比叡山に続く尾根道に沿って広大な森が広がり、子どもたちの格好の遊び場となっています。下方には沢が流れ、夏になれば蟹を手づかみして歓声を上げる子どもたちの声が響きます。

自然環境を生かした私の園の取り組みはユニークだと自負していますが、これが答えだというつもりはありません。私が知るかぎり、どの幼稚園も独自性を生かし、子どもたちに何ができるかを常に考えながら、互いに切磋琢磨しています。本書で紹介する諸々のエピソードは、そうした幼稚園の実践例の一つと受け取っていただき、子どもの育ちにとって何が大切かという問題を考えるヒントにしていただけたらと思います。

この本で私がお伝えしたいことは、幼児教育の大切さと奥深さです。幼児教育は、その後、小中高大と続いていく教育の根っこにほかなりませんが、世間はややもするとこれを過小評価しがちです。様々な立場から、待機児童の問題には焦点が当てられるのですが（それが重要なことは言うまでもありません）、肝心の幼児教育の中身の議論はどうしても後回しにされがちです。しかし、どんな山も裾野の広がりなしに頂は存在しないように、幼児教育のあるべき姿を十分考察せずに、「教育は国家百年の計」という看板を掲げることはできないでしょう。

重要なことは、この考察は政治家や専門家に任せて解決する問題ではなく、家庭や幼稚園の日々の実践を通じて答えを出していく必要があるという点です。親にせよ先生にせよ、子どもと真摯に向き合うほど、正解が得られずに迷うものです。しかし、正解は得られなくても、改善のヒントは常に現場で見出すことが可能です。試行錯誤を通じて子育てのヒントを発見し、子どもとよりよい関係を築く道を歩むことで、じつは大人である私たち自身が、人として生きる基本的価値観を問い直し、自ら成長することも可能となるでしょう。

私は大学時代、西洋古典学を学びました。いわば人文学の根っこにあたる学問です。「人間とは何か」を問いながらテキストの精読にあけくれる日々でした。その後、大学で教鞭をとり、古典語（ラテン語、ギリシア語）、英語、古典文学等を教えました。しかし、父の病状の悪化を受け、祖父の代から続く家業である幼稚園を継ぐために大学の職を辞することにしました。

最後の学期は、キケローの『国家について』のエピローグ「スキーピオーの夢」を読みました。最終回の授業で Hanc《ハンク》 tu《トゥー》 exerce《エクセルケ》 optimis《オプティミース》 in《イン》 rebus《レーブス》！（これを――汝の魂の力を――最善の仕事において発揮せよ！）という表現に出会ったとき、感無量の思いがしました。ここで言われる「最善の仕事」とは、文脈に即して読むと res《レース》 publica《プーブリカ》（国家）を守り発展させることですが、このラテン語は「公の仕事・事柄・問題」など多様な意味を内包します。その時の私には、「魂を込めて世のため人のために尽くせ」と読めたのでした。学問の世界から飛び出し、幼児教育という新たな世界に飛び込む私にとって、この言葉は大きな励ましのように感じられました。

一方で私は、文学部で学んだフィロソフィア（知を愛する心）を子どもたちと分かち合いたいという願いを込めて、幼稚園長就任と同時に、小学生以上の子どもたちから大人を対象とした私塾「山の学校」を創設しました。「しぜん」「つくる」「かいが」「ことば」「かず」といった小学生向けのクラスのほか、中学生・高校生向けの数学・英語のクラスや古典講読のクラス、大学生・一般向けのドイツ語・フランス語・ロシア語・イタリア語・ラテン語・ギリシア語などの原典講読のクラスも開設しています。大人も子どもも無心になって学ぶ場がここにあります。

回り道をして幼児教育に携わることになった私は、だからこそ、「幼児教育は教育の根っこ」だと身をもって感じています。ただ、そこだけに専念すればよいとは思っていません。一人の市民として、大人として、子どもたちの巣立ちゆく先の世の中を見つめ続けたいと思います。それが今も、百年先も変わらずに輝かしい、希望に満ちた平和な社会であるよう、整えること、配慮すること、力を尽くすことなしに、人としての義務を果たしたことにならない、と考えるからです。

本書は、園長として子どもたちと過ごす日々を見つめ、幼児期の子どもにとって大切なことは何か、それを守るために大人には何ができるかを思索するエッセイです。子どもたちの原石のような魂の輝きを感じ取っていただけるなら、これに勝る喜びはありません。

目次

Ⅲ　子どもの好奇心

Ⅳ　子どもの創造力

Ⅴ　仲間と成長

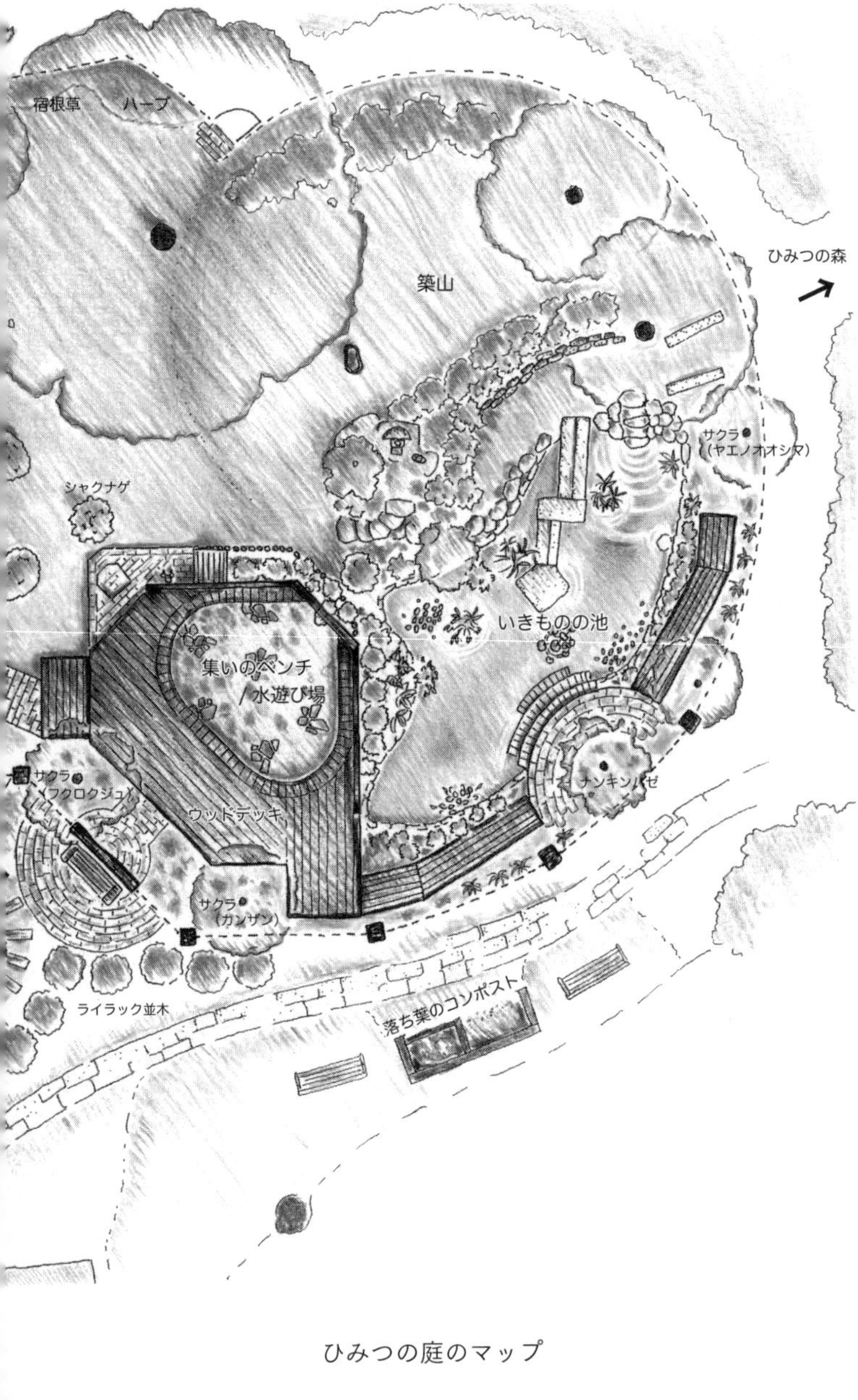
宿根草
ハーブ
築山
ひみつの森
サクラ
(ヤエノオオシマ)
シャクナゲ
いきものの池
集いのベンチ
/水遊び場
サクラ
(フクロクジュ)
ウッドデッキ
ナンキンハゼ
サクラ
(カンザン)
ライラック並木
落ち葉のコンポスト

ひみつの庭のマップ

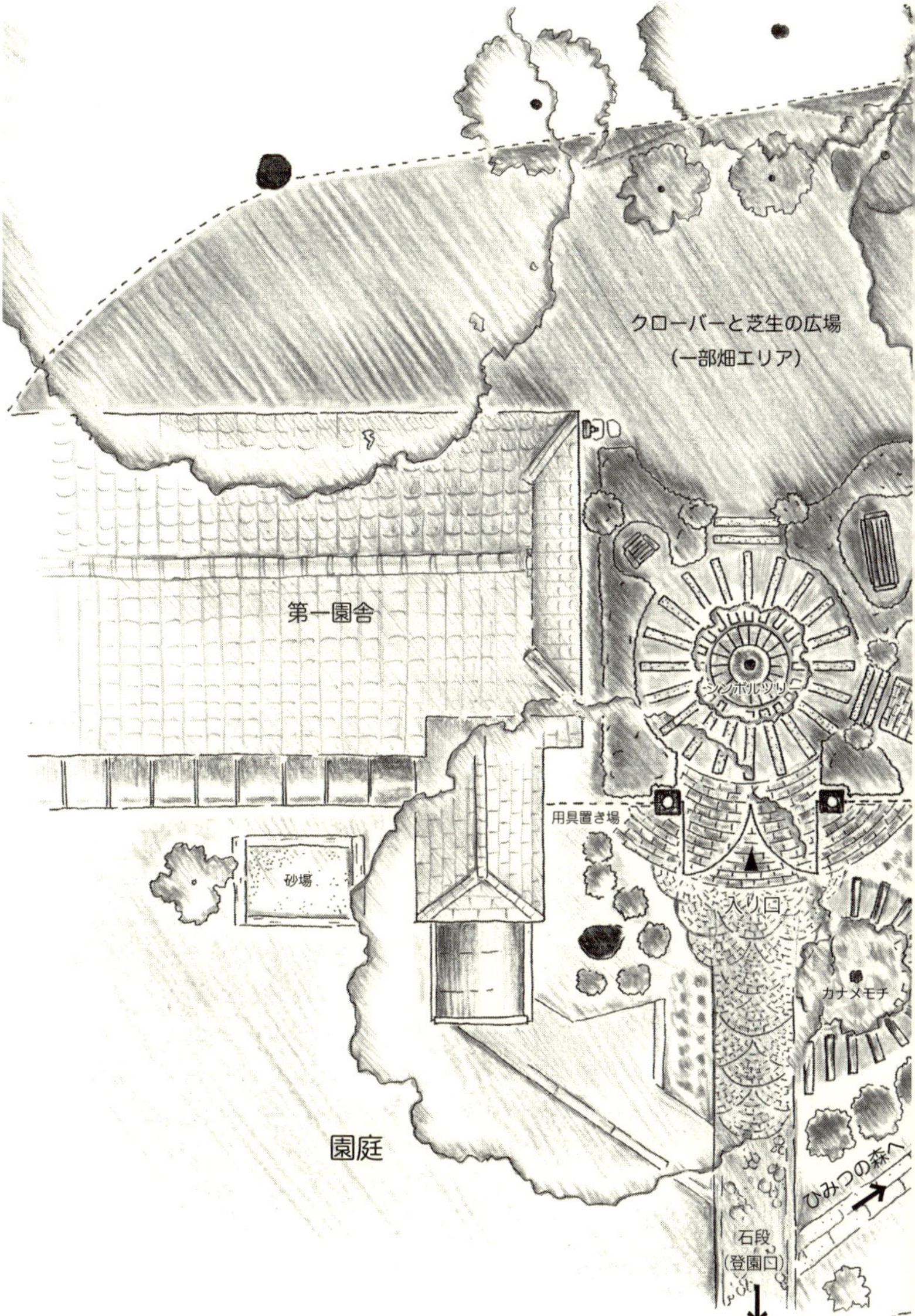

クローバーと芝生の広場
（一部畑エリア）
第一園舎
シンボルツリー
用具置き場
砂場
入り口
カナメモチ
園庭
ひみつの森へ
石段
（登園口）

扉イラスト　まきみち

I 幼児教育の姿勢

第1章

立つ——自立の一歩一歩

子どもたちは、毎朝一キロ四方離れた集合場所から、先生と一緒に歩いてお山の幼稚園にやってきます。二百段ほどの石段を登ると、そこが幼稚園です。毎日が文字通りの「登園」となりますが、子どもたちは笑顔で山道を登ります。

初めて園を見学された保護者は異口同音に「年少児も歩いて登るんですか」とか、「泣いて登るのをいやがりませんか」とお尋ねになりますが、そうした体力面での心配はいっさいご無用です。むしろ心配の種があるとすれば、入園直後に子どもが「お母さん、ついてきて」と泣いて訴える可能性です。

集団による徒歩通園ですと、バスのように目の前の扉が閉まることはないため、わが子が泣けばその姿を否が応でも目にせざるをえません。泣いてしゃがみこめば、列についてお母さんも「登園」することもありえます。晴れやかな笑顔で「いってきまーす」と手を振る子どもがいるかたわらで、わが子が声をからして泣いているとしたら、親にとってこれほどショックなことはありません。

学齢や家族構成など様々な要因があるかもしれませんが、原因の詮索はしないでいただきたいと入園前の保護者会で申し上げています。それが難しいことは百も承知です。だから「あえて」そうお伝えしています。ありがちなのが、自分の育て方が悪いから泣いて登園を渋るのだという解釈です。そう思ってしまうと、親にとっても子どもにとっても悪循環が始まります。

一般に、人前で泣くことはよくないとみなされますが、時と場合によっては泣くことも必要です。泣いて渋る子どもは、本当は「行かない」と言っているのではなく、心のなかでは「行きたい」と言っています。ただ、自分一人で行く勇気を出せずにいるだけです。つまり、涙はその準備をしているサインだということです。ある意味前向きでポジティブなサインなわけですが、それを「悪い」とみなせば、子どもは迷い、勇気を出すことをためらいます。

そして、ここが肝心なことなのですが、どんなに泣いて渋った子どもも早晩一人で登園する日が訪れます。一人の例外もなしにです。古の賢人が「人間は社会的動物である」と喝破したように、子どもたちにとって独り立ちをして社会に加わることは、いわば本能の要求に従う行為なのです。だとすれば、親はそう達観し、あとは子どもが腹を決めるのを待つだけです。そのタイミングが、入園の前かその後かの違いだけだと考えれば、ずいぶん気持ちは楽になるでしょう。

子どもの登園をめぐるタイミングの問題は、桜の開花日の予想と似ています。多少の誤差はあっても毎年三月下旬から四月の上旬にかけて桜は咲きます。例外なしにそうなります。しかし、特定の日（入園式など）に満開であってほしいと願うとき、開花予想日は大きな心配事に早変わりします。「見つめる鍋は煮えない」と言いますが、近視眼的にものごとを見つめるとき、人間に悩みはつきません。長期的視野でものごとを眺めるとき、そのような悩みの多くは消失します。

私は悩むことが無意味であると言っているのではありません。悩めばこそ訪れる歓喜がありますす。ある朝、涙をこらえながらもしっかりと手を振って初めて列に参加したわが子の姿。それは一生の宝と言えるのではないでしょうか。それから一年後、今度は別の意味で驚かされます。新年度が始まると、またあらたに涙を流す子どもたちが登場します。するとどうでしょう。驚くなかれ、わが子がその泣く子を励まし、ハンカチで涙をふいてあげているではありませんか。

私は仕事柄、毎年このような感動のお裾分けをいただいています。いったん涙の時期を過ぎ、どの子もあたりまえのように登園できるようになっても、私はそれをけっして「あたりまえ」なことととは思いません。親子が笑顔で「いってきます」、「いってらっしゃい」と挨拶を交わす姿は何より尊いものに見えますし、子どもたちが一歩一歩、しっかり山道を登る姿は、文字通りの意味において「自立の一歩一歩」と呼ぶに値します。

第2章 歩く——人生を自分の足で歩く

人間にとって、歩くことは呼吸をするのと同じくらいあたりまえのことですが、ライフスタイルの変化に伴い、今の時代の子どもたちはなかなか歩く機会をもてずにいます。それは「便利な生活」と引き換えのことなのでやむをえない面もありますが、子どもたちの本当の気持ちは「もっと歩きたい！」ではないでしょうか。『となりのトトロ』の「さんぽ」の歌詞「あるこう あるこう わたしはげんき／あるくの だいすき どんどんいこう」は、そんな子どもたちの気持ちをまさに代弁しています。

私の園の子どもたちは片道一キロの通園路を手をつないで毎日歩きます。雨が降っても雪が降ってもコンスタントに歩くことに加え、二百段近い石段を登ることによって、知らず知らずのうちに心と体が強くなります。そして、手をつないで歩くことで、人をいたわる優しさも育まれます。

子どもたちが歩く道は、生きた安全教室の場、社会勉強の場でもあります。地域の人たちに元気に挨拶をすることや、歩道を整然と歩くことで社会のマナーを学びます。子どもたちは「ほどよく、むりなく、こんきよく」そして「楽しく」山道を登ります。途中でキノコを発見したり、カタツムリやダンゴムシに出会ったり、いつのまにか木々が赤く色づくのに気づいたりと、毎日さまざまなドラマが待ち受けています。

手をつないで歩く時間は、子どもたちにとって格好のおしゃべりの機会です。子どもたちの会話に耳を澄ませると、どこまでが虚構でどこからが現実の話なのか、わからなくなることがあって面白いです。

年長のY君は昨晩見た夢の話をしました。「夢のなかで女の幽霊が出てきました。ヘビもいました。ミイラが剣を持ってむかってきました。やっつけると、二つに分身しました。おしまい」。これを聞いた隣のG君は、「ぼくは暗い部屋のなかで目を閉じました。こわーい女の人が寝ていました。そーっとさわると、お母さんでした（笑）」。

ときに人生相談を受けることもあります。ある朝、年長のHちゃんに「あんなー、うちのおとうさん、お酒好きやねん」と突然言われ、ちょっとびっくりしました。「先生もお酒は好きやで」と応じると、「でもなぁ、タバコも吸わはるねん」。（私はタバコは吸わないので）「ふーん」と間の悪い返事を返すと、Hちゃんは間髪入れず、「あんなぁ、かっぱえびせんやねん」と言ってケラケラ笑います。私も笑いながら「どういうこと？」と聞きますと、「わたし、かっぱえびせん、好きやねん。やめられない、とまらない、かっぱえびせん♪」

これ以上話は展開せず、すぐ別の話題に移りかわっていきましたが、子どもたちの会話の断片には、しばしば家族を思う気持ちが垣間見られます。Hちゃんの場合も、父親の健康を気遣う気持ち（お母さんの気持ちの代弁かな？）と、ある種の同情（お父さんの気持ちもわかる、だって自分も好きなおやつはついついたくさん食べてしまうのだから）が見て取れます。

入園前の保護者から、「うちの子は全然歩かなくて困っています。ここの幼稚園に入ったらちゃんと歩けるか心配です」と言われることがあります。私はいつも「心配ご無用です」と答えます。帰り道に疲れて居眠りした年少児を抱っこすることはありますが、「歩くのはいや」と言って駄々をこねる子どもには今まで一度も出会ったことがありません。

親と一緒だとなぜ歩かないかといえば、歩かなくていい理由があるからです。抱っこと言えば抱っこしてもらえる環境にいるとき、子どもは自分から進んで歩きません。あるいは本当はたくさん歩けるのに、親が無意識のうちにブレーキをかけているケースもあります。たとえば日常が忙しいと、子どもは足手まといになり、ついつい子どもをせかすことが多くなります。そんな態度を示されつつ、いつも自分の動きを制止させられていると、子どもは歩くことがだんだん苦痛になり、「歩こう」と言っても「歩きたくない」となります。

生活習慣を一度に変えることはなかなか難しいのですが、いろいろ時間を工夫して、親子で散歩を楽しむ習慣をつくるのがよいでしょう。便利で忙しい現代社会のなかで、あえて「歩く」選択肢を選ぶことは簡単なことではありませんが、ほんの少しの不便を日々の生活のなかに取り入れることは、人生を能動的に生きるうえで大事なことではないかと思います。

雨の日の降園

「しあわせは歩いてこない　だから歩いてゆくんだね」という歌詞があります（「三百六十五歩のマーチ」）。幸福は他から与えられるものではなく、自分の体と心の全体を使って生み出していくものです。「ほどよく、むりなく、こんきよく」毎日「歩く」経験を習慣づければ、「人生を自分の足で歩く」態度を自然に養うことができるでしょう。

第3章 行う――力があると思うゆえに力が出る

「力があると思うゆえに力が出る」とは、古代ローマの詩人ウェルギリウスの叙事詩『アエネーイス』に見られる表現です。船のレースが最大の盛り上がりを見せる場面で、勝利を確信し全力を尽くすトロイアの漕ぎ手たちについてこう謳《うた》います。

このとき、喚声は倍に高まる。あとから追う船に全員が熱烈な声援を送り、天空が割れんばかりの叫喚が響く。こちらでは、栄光は自分たちのもの、栄誉は手中のもののはず、手にできぬは恥、誉れのためには命を賭してもよい、と思う。こちらには僥倖が力を与えている。力があると思うゆえに力が出る。

（ウェルギリウス『アエネーイス』岡道男・高橋宏幸訳、京都大学学術出版会）

元のラテン語 Possunt《ポッスント》 quia《クイア》 posse《ポッセ》 videntur《ウイデントゥル》 は、「自信があればこそ実力が発揮できる」という趣旨の名句として、今も欧米で用いられます。これを英語に訳した They can because they think they can もよく用いられるフレーズのようです。これを日本語に平たく訳せば、「できると思えばできる」となります。実に簡単明瞭。子どもにもわかります。

ある年の新学期のこと、私は子どもたちに「二千年前の人の言葉をプレゼントします」と言って、この言葉を紹介しました。

「お空を見てください。飛行機が飛んでいます。空を飛びたい。でも無理だ。みんなはそう思いませんか。でも、『できる』と思った人がいたのです。そして、空を飛べる飛行機を発明しました」。

このとき、年中組の男の子が「あきらめない」としっかりした口調で合いの手を入れてくれました。

「そう、あきらめない、ということです。みんなも、『自分にはできるかな、どうかな』と思う気持ちになったときは、どうか、今日先生がお話しした言葉を思い出してください。『できると思えばできる』と」。

子どもたちは真剣な顔をして聞いていました。

このように、子どもたちの心にもすっと入る言葉ですが、この言葉が名言として受け止められるのは、やはり内容が逆説的だからだと思います。大人の常識に照らすと、「できると思うからできる」のではなく、「実力があるからできる」のであり、たんに「思うだけではダメだ」となるでしょう。「努力」が強調されるのはそのためです。しかし、これは大人に通用する論理であり、子どもの場合は自信が何より大切で、それさえあれば実力は後からいくらでもついてくる、と私は思います。

子どもは人生経験が少なく、大人の目から見ればできないことだらけです。しかし、大人と違うのは挑戦する心で満ちあふれていることです。「面白そうだ。よし、やってみよう。自分にもできるはず」。これが子どもの自信であり、何かに挑む心がまえです。思えば、赤ん坊のときから言葉を発したり、一人で歩けるようになったり、子どもは挑戦の連続で成長していきます。しかし、そのような自信や挑戦する心も、いつかどこかでしぼんでしまう可能性があります。あるいは逆に成長とともに自発的な努力を伴いながら、いつまでも輝き続ける可能性もあります。

この違いを生むポイントは何なのでしょうか。人生行路は様々な要因が複雑に絡むため、詳しいことは誰にもわかりません。ただ、私は幼児教育に携わる者として、何かに挑戦しようとする子どもに対し、周囲の大人がどのような態度を取るのか――自信をくじくのか、自信を守るのか――が決定的に大きな影響を与えると考えています。それゆえに幼児教育は重要な意味をもつと信じています。

先代の園長である山下一郎は「ぐう・ちょき・ぱあ――完全を求める親」（『山下一郎　遺稿集』所収）というエッセイのなかで、子どもの自信を守るコツを次のように述べています。

多くの親御さんは、なぜ、わが子の欠点ばかりが気になって、長所に目を向けようとされないのだろう？と、不思議にさえ思うのですが、よくよく考えてみますと、やはり親には、人間である以上誰しも、自己愛という欲ごころを持っているからではないでしょうか。……ひたすら、わが子の見どころを発見し、良さを認め、褒め、励まし、伸ばすように仕向ける、その上のおまけとして足らざるところも加わればめっけもの、くらいの気楽な気持ちで接してあげれば、お子さんの気持ちの負担もぐっと軽くなると思います。……

今できないことを性急に求めるよりも、今できていることをまず認める。これが、わが子にやる気を起こさせ、自信を持たせるコツです。

親ごころとは、辞書には「子を愛する親の心」とあります。本当にわが子を愛している親ごころなのか、それとも、ひょっとして自分自身を愛している欲ごころなのか。子育ての原点は、この自問自答から始まらねばならないと思います。

大人にとって子どもの未熟を指摘し、努力を命じるのは容易ですが、それは「今できないことを性急に求める」ことにほかなりません。「今できていることをまず認める」ことが、大人にはなかなかできません。もし、大人が子どもをゆっくり見守り、「今できていることを認める」なら、子どもは次のステップに向かって挑戦する気持ちになれるでしょう。

このように考えるとき、子どもに自信をつけさせる何よりの秘訣は、子どもをどう育てるかのハウツーにあるのではなく、親が自分の心とどう向き合うか、という親自身の心のあり方に目を向けることだと言えそうです。

第4章　生きる――私は人間である

「生きる力を育てる」というスローガンを目にすることがあります。しかし、子どもたちには、生まれながらにして「生きる力」がみなぎっています。幼稚園は、子どもが出会う最初の社会です。そこには山あり谷あり、楽しいこととあわせて、さまざまな試練が待ち受けます。三年間の園生活は、そうした種々多様な経験に彩られた、大いなる「旅」のようなものです。「かわいい子には旅をさせよ」という価値観で接すれば、子どもたちは「旅」の経験を通して、たくましく成長します。逆に「かわいい子だから旅をさせまい」と守りに入ると、子どもたちはとたんに易きに流れ、甘えます。

子どもたちは、家のなかにいる「私の人」としてふるまう場合、親から見ると未熟で頼りない存在です。手を貸さないと一人では何もできないように思われます。しかし、幼稚園のなかで過ごす「社会の人」としてふるまう場合、子どもたちは大人が驚くほどの力を発揮します。

ある年の四月、入園式から間もない頃のことでした。年少組のR君とMちゃんは毎朝涙の登園でした。その日も、二人して大声で泣きながら石段を登り始めました。どちらも涙と鼻水で顔はくしゃくしゃです。私が二人の手を取り歩いていると、ふいにR君が私に「ハンカチだして」と言いました。てっきり自分の涙をふくものと思ってハンカチを渡すと、驚いたことにR君は隣のMちゃんの涙をふいてあげたのでした。「泣いたらあかんよ」と優しく言葉をかけながら。

幼稚園生活という「旅」は、このようなエピソードに満ちています。子どもたちを見ていて思うのは、どの子にも生まれながらにして優しさを発揮する力が備わっているということです。それぞれの家庭で人の優しさの何たるかを学んだ子は、R君のように「ここぞ」というときにそれを発揮できるのです。大事なことはそのチャンスが保証されることです。「社会の人」としての子どもは、めいめいが一人の人間として、喜怒哀楽すべての感情を他者と共有できる場を、家庭以外に求めています。

大事なことは、幼稚園が子どもたちにとって、自分のよい面も悪い面もすべてをさらけ出せる場であるということです。この点が保証されるかぎり、子どもたちは安心して幼稚園に通えます。人前で涙を見せることは、たとえ三歳の子どもであっても、受け入れたくない自分の姿です。しかし、毎日泣くだけ泣いて、それでも先生は温かく手を差し伸べてくれるし、友達も「大丈夫？」と声をかけてくれたり、黙ってぬいぐるみを持ってきてくれたりする。最初は不安だった幼稚園という社会がありのままの自分を受け入れてくれる場であることを学ぶにつれ、やがて、R君のように、困っている子に手を差し伸べる勇気と優しさを発揮することもできるようになるのです。

大小を問わず、人間関係の軋轢《あつれき》のひとつひとつは、子どもたちの大切な学びの教材です。「雨降って地固まる」という言葉どおり、子どもたちは「雨」や「嵐」を経験するたびに、互いの「信頼」をいっそう深めていきます。そのさい先生の果たす役割が大きいことは言うまでもありません。先生と子どもたちが信頼の絆で結ばれることが不可欠です。

前述の例で言えば、R君が「ハンカチだして」と言うまで、数日を要しました。私は毎日泣いて動こうとしないR君とMちゃんを交互に抱き上げ、たわいのない話をしながら石段を登りました。「この先生は自分たちを受け止めてくれる」と信じられた時、子どもたちはおのずと心を開きます。R君がMちゃんに優しい言葉をかけた日をきっかけに、二人の涙はとまりました。

一般に子どもたちが「怒り」や「悲しみ」といったネガティブな感情を表に出す場合、その根っこには必ず理由があり、子どもたちはその理由を他者にわかってほしいと願っています。うまく胸中の思いを言葉にできないもどかしさ、いらだちが募るとき、ネガティブな言動が表に噴出します。涙や怒りはそのサインです。

登園をしぶる年少児の涙は誰の目にもわかりやすいサインで、見誤ることはありません。けんかも明白なサインです。けんかが起これば先生は両方の言い分をよく聞き、それぞれの胸のうちの思いを汲み取ります。先生は、いわば通訳のような形で双方に相手の気持ちをわかりやすく伝えます。子どもたちは、まだ言葉が上手に使えないので、強い言葉や手が出るのです。自分の気持ちをわかってもらえたと思えたら、涙はとまり、怒りもおさまります。

見逃しやすいのは、心で泣いているケースです。私が常々先生たちに伝えていることは、その日の保育が終わった後、子どもたちの顔を思い浮かべ、少し曇った顔がなかったかどうか、何か言いたそうな顔がなかったかどうか、一人一人を思い出してチェックしてほしいということです。幼児は自分から進んで胸のうちを先生に打ち明けることはありません。我慢して泣かないでいると、サインに気づくのが遅れます。幸い幼稚園には複数の大人の目があります。園内で連携しながら、子どもたちの心のくすぶりを見逃さないように日々努めています。

西洋に「私は人間である」という言葉があります。これは古いローマの喜劇の台詞で、原文では「人間に関することで私に無関係なものは何もない」というフレーズが続きます。「私は人間である」は、ヒューマニズムの精神を象徴する金言として、西洋社会では世紀を超え多くの文人たちが座右の銘と公言してきました。平たく言えば、「他人の困りごとは見て見ぬふりはできない」という人間的な精神がこの言葉に凝縮されています。

この精神は幼児教育の理念そのものです。子どもたちが人生初の集団生活で学ぶ大事なことは、「社会の人」として他者を信じ、他者を助け、他者とともに生きる喜びを味わうことです。子どもたちは「かわいい子」である以上に一人の「人間」として、仲間との生活という「旅」を楽しみ、「生きる力」を発揮して日々成長してゆくのです。

II　子どもの五感

第5章 ふれる——血管はふれねばならない

古代ローマに「血管はふれねばならない」（医者は自分の手で脈を確かめねばならない）という言葉があります。机上の空論でなく実地体験が何より大事だという戒めです。日本語にも「畳の上の水練」という言葉があり、同じことを伝えています。ただ、これらの教訓は子どもたちには自明であり、大人が肝に銘ずべき警句と言うべきでしょう。というのも、子どもたちは誰かに言われなくても、いつも何かにふれています。砂、石ころ、水、葉っぱ、虫など、身の回りのものすべてが「ふれる」対象です。

雨や雪など、大人が苦手な場面も子どもたちは喜びに変えます。雪が降ればみな手を真っ赤にして雪合戦をしたり、雪だるまを作ったりします。子どもたちは何よりも雪を体で感じたいのです。「雪は空のにおいがする」、「手のひらにのせた雪はすぐとけるけど、服の上の雪はなかなかとけない」。どちらも年少児の発した言葉です。

子どもたちは土にふれることも大好きです。私の園では、年少組から「植える」体験をしています。土をさわり、いのちある種や苗を丁寧に植え、やさしく水を与える一連の作業をとおし、

畑で植えて育てる

子どもたちは大事な何かを感じ取っていきます。以前は「植える」体験のできる場所が限られていましたが、副園長・育子先生の長年の構想を具体化したビオトープガーデン〝ひみつの庭〟が二〇一三年に園庭横に完成し、ここにビオトープや芝生の築山のほか、園児たちが「植えて育てる」畑エリアが誕生しました。

ある日の取り組みを育子先生のブログでふりかえってみましょう（以下は記事の抜粋です）。

ある五月の晴れた日、年長組が、「ひみつの庭」でキュウリの苗を植えました。畑に土を投入し、「やわらかな土になりますように。この土が美味しいキュウリを育ててくれますように」と願いを込めて、素手で土を混ぜます。砂とはまた違う土の感触を子どもたちは楽しみます。土がふわふわになってきたら、手で穴を開けて苗のお部屋を作ります。傷めないように慎重にポットから外した苗を、作ったお部屋にゆっくり入れます。子どもたちはとても真剣な面持ちです。そのあと、そっと土のお布団をかけ、手でやさしく土を押さえます。

植え終わったら、水やりです。じょうろで株元に静かに水をかけます。じょうろの数が限られているので、バケツから両手で水をすくってかけている子もいます。土のなかにぐんぐん水が浸み込んでいく様子を子どもたちはじっと観察しています。

「これから毎日、お水をしっかりあげて、おいしいキュウリができるようにお世話をしましょうね」と約束します。「植える」経験は、土にふれる、いのちを育てる、無事の収穫を祈る、実りをいただく、という一連の大切な学びの始まりなのです。

実りの秋には、年少児から年長児まで全員がバスに乗ってサツマイモ掘り遠足に出かけます。広々とした農園はそこに立っているだけで気持ちよく、誰もが深呼吸したくなります。「それでは掘りましょう」という先生の声を合図に、子どもたちは一生懸命掘り始めます。全員が一心不乱に芋掘りに集中する姿は、ほほえましいを通り越して、感動的ですらあります。年少の子どもたちも泣き言ひとつ言わず、黙々と掘り続けます。しばらくすると、畑は「見て、こんなお芋が掘れた！」という歓声に包まれます。自分の割り当ての芋を早々に掘り尽くした子が、格闘中のお友達を助ける優しい場面も見られます。

大人の手にもズッシリと重い芋の入った袋を、年長児が車に運びます。年中児もお手伝いしてくれ、あっという間にすべての芋が車のなかに運び込まれました。子どもたちに手を振って見送られながら、私の運転する芋車が発車します。芋車は、保護者が待つ解散場所の公園へと一足先に向かうのです。

自分で掘った芋は格別の思いがするもの。翌朝、「おいしかったー」、「てんぷらにしてもらったー」といった声を聞くとき、幸せな気持ちになります。

子どもたちが、夢中になって土にふれている姿を見ていると、自分自身の過去の経験が瞬時によみがえります。ということは、今のひとつひとつの子どもたちの経験も、きっと心のどこかに残ることでしょう。

土にふれる経験もさることながら、お山の幼稚園の場合、なんといっても子どもたち同士で「手をつなぐ」経験は他園に比べ圧倒的に多いです。年中・年長の子どもにとって、毎日の徒歩通園のなかで、年下の子にさっと手を差し出すことは日常の風景になっています。

年少児が入園したての頃は、年上の子が手を出しても、警戒心からか、つなぐことを拒む場合があります。年上の子どもが気の毒だなと思う場面もありますが、そんなことを繰り返しながら、ひと月もたてば、どの年少児も心を開き、年上のお兄さん、お姉さんと笑顔で会話しながら登園するようになります。

子どもたちは手と手をつなぎ、毎日心のふれあいを経験しています。ある年の寒い冬の朝のこと。目の前では年中の女の子が年少児と手をつないでいます。ふと気がつくと、その年中児が何かもぞもぞしています。見ると、かばんに手袋をひとつ入れようとしていました。どうしてひとつだけ入れるのかなと思って見ていると、手袋を外した手で年少児と手をつなぐためでした。その年少児は手袋をしていません。自分が手袋をつけたままだとつなぎにくいと思ったのでしょう。

その後、片手は手袋、片手は素手で年少児と手をつなぎ、最後まで笑顔で登園したわけですが、私はその年中児の優しい気持ちを思い、心が温かくなりました。私も、手袋をしていない子どもとは素手で手をつなぐようにしています。そうしないと、つないでいる気持ちになれないからです。外気の寒さとは関係なく、手をじかにつないでこそ感じるぬくもりというものが確かにあります。

手は不思議なものです。人は赤ちゃんのときから、手でいろいろなものをさわったりつかんだりしながら、その存在を認識していきます。直接ふれる経験は心の奥深くに残り、その後、人やものとさまざまな関係を結びながら生きていくための土台となります。手を使わずに、学び成長することはできません。そうした手と手がつながるとき、心と心がふれあい、生きる喜びと希望がわいてくるように思うのです。

第6章 見る——百聞は一見に如かず

「百聞は一見に如かず」という言葉があります。伝聞を鵜《う》のみにせず自分の目で見て確かめることの大切さは、いまさら言うまでもありません。幼児教育においても「見る」ことは非常に重要です。

子どもは生の体験から、とりわけ視覚情報を通じて多くのことを学んでいます。地面にはいつくばってアリの巣を見ている子どもたちは小さな昆虫博士であり、チョウやガの幼虫を手に取って観察する目はいつも真剣そのものです。四季折々に咲く花や、風が吹くと揺れる木々の葉など、自然のなかで子どもたちが目にするものはさまざまですが、それらを観察する子どもの目は詩人の目でもあります。

ある年の春、新年度が始まって間もない頃、少し緊張気味の年少児S君は、毎日列の一番前で私と手をつないで帰っていました。園からの石段を下りているとき、S君はおもむろに民家の屋根を指さし、「すべりだいしてる」と声を弾ませました。見ると、黒い屋根の上に積もった桜の花びらが風に誘われ、まるで滑り台を楽しんでいるかのように、軽やかに落下していました。それから大通りに出ると、S君は街路樹の根元を指さしました。きれいなタンポポが咲いています。「あそこにも、ここにも！」。お花が大好きなS君は、黄色い花が集まって咲いている場所を指さして言いました。「お友達がいっぱい！」と。

こういう言葉を聞くたび、子どもの目に入るものには十分注意を払いたいものだと思います。「原風景」という言葉があります。大人になって目を閉じれば浮かんでくる「あの懐かしい景色」のことです。幼児期は日々その景色を心に描いている時期でもあります。このことに関して、冒険家の星野道夫さんが次のように述べています。

子どものころに見た風景が、ずっと心の中に残ることがある。いつか大人になり、さまざまな人生の岐路に立った時、人の言葉ではなく、いつか見た風景に励まされたり、勇気を与えられたりすることがきっとある。

（星野道夫『長い旅の途上』文春文庫）

現代社会は便利になる一方ですが、その代償として、子どもたちはどんどん「風景」から遠ざけられています。情報機器は、赤ちゃんの頃から不自然な光と映像で子どもたちを取り囲み、私たち大人にも多くのストレスを与えています。大人の場合、工夫して賢く接することができますが、赤ちゃんや幼児にはそのような選択の余地はなく、影響を最小限にとどめられるかどうかは大人次第となります。

『となりのトトロ』で有名な宮崎駿監督は、「私はトトロの大ファンで、うちの子は、毎日三回ビデオを観ています」と言った母親に対し、即座に「そんなこと、やめてください！」と叱ったそうです。作品の内容が問題なのではなく、子どもが機械的映像を繰り返し見ることに弊害があるからです。幼児を取り巻く情報機器は、子どもの情操教育の面で功罪両面をもちます。バランスを取るには、そのマイナス面を大人がわきまえておくことが大切です。

視覚体験に関して言えば、大人が想像する以上に子どもの目はぼんやりと対象をとらえています。食べ物と同じく、刺激の強い視覚情報はできるだけ遠ざけたいものです。

夜空に浮かぶ満月を見て、一茶は次の俳句を作りました。

名月を　にぎにぎしたる　赤子かな

クレーターまで露わにした月の姿をいくら見ても、この俳句の絶妙な味わいは理解できないでしょう。それどころか、月を大写しにした高精細の大画面映像は、子どもたちのおぼろげな心的映像の形成を阻害するかもしれません。

今の時代の「情報」は視覚に訴える手段にたけ、「まるで実物を見ているかのよう」に錯覚させますが、あくまでも「情報」のひとつにすぎず、その意味では「百聞は一見に如かず」の「百聞」に当たります。大切なのは実物の「一見」の方です。私たちはともすれば本物の「一見」をおろそかにし、気づかぬうちに本物そっくりのイメージ（原義は「実物によく似せたもの」）を本物と取り違えてしまうのです。

紙の媒体に関しても、子どもたちの目に入る情報は年々精緻で詳細になってきたと感じます。たとえば最近の子ども向けの図鑑はカラフルで分厚く、これ一冊で何でもわかるような気になります。自然への関心を高めるにはもってこいですが、世の中を見渡すと、図鑑だけで満足し、昆虫採集は「もういい」とする子どもが増えてきたように思います（さすがに私のまわりにはそのような子はいませんが）。実物を克明に描くため、紙面いっぱいに拡大された昆虫や植物のマクロ写真は、肉眼ではけっして見ることのできない世界です。よかれと思っての情報提供ですが、幼児には過剰であり、おなかいっぱいの気分になるでしょう。

子どもにとって一番よいのは、何と言っても自然そのもののなかに身を置く経験です。タンポポが風に揺れ、空に白い雲が浮かぶのを眺めたり、息をひそめてトンボを見つめたりする経験のひとつひとつが、子どもの想像の世界を豊かにし、いずれ心の原風景を形成するでしょう。二次情報はいかに精緻をきわめても、こうした五感で感じる「風景」の思い出作りには寄与しません。

とはいえ、日頃から仕事に忙殺されている大人は、山や森、川や海に出かけることはできず、わが子を自然のなかで十分遊ばせることもできません。ここにジレンマがあります。しかし、大事なのは、そうしたジレンマを感じる大人の心のあり方です。大人が自然への愛着をもつかぎり、何気ない日常のなかでも子どもの自然を見る目はひとりでに磨かれ、守られるでしょう。
たとえば芭蕉に次のような俳句があります。子どものような素直な心の働きと、鋭い観察眼が生き生きと感じられる名句です。

山路来て　何やらゆかし　菫草《すみれぐさ》
昼見れば　首筋赤き　蛍かな

二、三度読み返し、芭蕉の心のときめきに共感し、菫や蛍が目に浮かぶようなら、私たちの自然への愛着は生きています。それこそが、子どもの自然を見る目を守る第一の条件であり、それがあるかぎり、都会生活のなかでも自然を感じる方法はいくらでもあるでしょう。はじめに紹介したS君が道路沿いに咲くタンポポの花を見て感動したようにです。また、その心があれば、子どもを機械的映像に長時間さらすことも慎むはずです。
風を感じ、雲を眺め、夕日を惜しみ、星を見上げること。意識すれば自然はいつでも姿を現します。逆に心が何かに忙殺されていると、自然に囲まれていても何も感じず、何も見えません。大人にとっても子どもにとっても、大事なのは自然を感じる心のゆとりです。親がその気持ちをもち続ければ、子どもの原風景を描く目は大切に守られるでしょう。

第7章 食べる——空腹は最良の料理人

「衣食住」という言葉がありますが、幼児にとって一番関わりの深いのが「食」ではないでしょうか。最近は給食のある幼稚園が増えましたが、私の園は創立以来、保護者に毎日お弁当をお願いしています。京都府の統計（平成二十七年度）によると、府内の九十五パーセントの園で給食が実施されているそうです。ですから、毎日お弁当をもって幼稚園に通うスタイルは、きわめてまれということになります。

園児を見ていると、みんなお弁当が大好きです。お弁当箱を開けると、昨日お買い物で調達した素材が入っています。朝、忙しい時間のなかで準備してくれたお母さんの姿がよみがえるのでしょう。目の前のお弁当を前にして、子どもたちの胸には「ありがとう」の言葉が刻まれます。

子どもたちにとって、お弁当はお母さんそのものです。世界のどこを探しても同じものはふたつとない。それがお弁当です。年長児のRちゃんは、そんなお弁当に寄せる思いを五・七・五で表しました。

おべんとう　ママのきもちが　いっぱいだ

昼食の時間は、子どもたちにとって親睦を深めるひと時です。基本的には部屋のなかでお弁当を食べますが、天気がよければ園庭でお弁当を広げることもあります。食べる場所を選ばないというのも、お弁当ならではの利点です。

子どもたちにとって誰と一緒に食べるかは大事な問題です。日頃はめいめいが特定のお弁当グループに属し、決まった場所で決まった友達と一緒にお弁当を広げます。担任の先生も、日替わりでどこかのグループに属し、子どもたちと食事を共にします。保育時間と違う角度から子どもたちの個性を観察できる貴重な機会です。

一定期間食べるメンバーを固定化するのは、めいめいに食事に集中してもらうためです。これを自由にすると、どこに座るか、誰と食べるかを思案するうち食事時間の大半が過ぎてしまうタイプの子どももいて、時間内にお弁当が食べられません。もちろん食事のグループ替えは定期的に行います。どこで誰と食べてもいいとする日も設け、変化をつけています。他の学年、他のクラスを訪問し、日頃と違う雰囲気のなかでお弁当を広げる日も意図的に設けています。

最近は、給食のよさは認めつつも、あえてお弁当オンリーの幼稚園を探してこの園を探し当てたという保護者の声を聞くこともあります。子どもの好み、健康を考慮し、食材の品目と産地を自由に選べる点で、お弁当はピンポイントでわが子に最適な食事を提供することができます。

園庭で走り回って遊ぶ

けれども、保護者の思い通りにならないこともあります。子どもが食べ残す場合もあります。よかれと思って入れた食材を子どもが食べ残す場合もあります。とはいえ、食が細いことや好き嫌いの問題は、基本的に深く考えこまないほうがよいと私は思っています。おしゃべりに夢中になって食べ残すということは避けねばなりませんが、どうしても食べたくない場合、無理はさせません。その場合、放課後に担任と保護者の間できめ細かく打ち合わせをします。

入園したての頃や、クラスが変わった直後、下に弟妹が生まれた時などは、心理面での影響を無視することはできません。家での様子や園での人間関係がどうなのかを丁寧に見ていくと別の問題が見つかり、よりよい解決策が見えてくることがあります。やがて心が晴れやかになり、園生活を満喫できるようになれば、食の問題も自然に解決することが多いものです。

ローマの格言に「空腹は最良の料理人」というのがあります。青い空の下で思い切り走り回れば子どもたちはおなかがペコペコになり、ご飯をぺろりと食べます。徒歩通園にくわえて、広い園庭で走り回るので、運動量はどうしても多くなります。そのため入園前は少食だった子どもが元気にモリモリ食べるようになった、という話をよく耳にします。

食育との関連で言えば、「ひみつの庭」に設けた畑スペースに学年ごとに区画を定め、野菜の栽培をしています。ある年は春から年少児がトマト（ミディトマト）、年中児が小玉スイカ、年長児がキュウリの苗を植えて育てました。苗を植えた翌日から、各クラスのお当番の二人が小さいじょうろで水をあげます。「苗は小さい赤ちゃんだから、水は根元にやさしくね」という育子先生のアドバイスを全員が忠実に守ります。子どもたちの関心事はひとつ。「いつ実ができて食べられるのだろう？」ということです。その思いを胸に、水をやるたび「大きくなったね」、「もう食べられるかな？」と無邪気に言葉を交わす子どもたちです。

子どもたちは、精一杯野菜の世話をします。毎日、野菜の成長ぶりを目にすることで、収穫を楽しみにする気持ちはいやが上にも高まります。そして、いよいよ収穫を口にするときの喜びようは言葉では表せません。七月に入り、年少児は赤く熟れたトマトをその場で摘み取り、大きな口で丸かじり。トマトは苦手と言っていた子もみんな笑顔でパクリ、パクリ。一方、年長児は同じく大きく立派に育ったキュウリを半分に切ってもらって食べました。野菜は好き嫌いがあるかと思いきや、もぎたてのみずみずしいキュウリはおいしさが別格で、全員ぺろりと平らげました。年中児は小玉スイカを九月早々にいただきました。夏休みに入ってぐんぐん大きくなったスイカたち。育子先生がネットをかけてカラスから守り、お盆の頃に収穫したものを園の冷蔵庫で大事に保管してくれていたのでした。

手作りのお弁当に関しても同じことが言えるでしょう。お弁当作りのどこかの段階でお手伝いをしたり、お母さんの準備の様子を間近で見たりすることで、お弁当箱を開けたときの喜びも格別なものになります。

こうして家庭であれ幼稚園であれ、みんなが食べることを楽しみにしながら食事の用意をし、笑顔で「いただきます！」と声を合わせることのできる場は、幸福の原点ではないでしょうか。一家団欒《だんらん》という言葉がありますが、一家も団欒、クラスも団欒。そんな環境で育つ子どもたちは最高に幸せだと思います。

第8章　聞く——文字を使わない記憶法

学校教育で文字を使うのはあたりまえだと思われています。幼稚園によってはその先取りとして文字を教えるところもあるでしょう。私の園ではあえて文字を教えることはせず、小学校に上がってからの「楽しみ」にとっておきます。なぜかと言えば、言葉とのつきあいの最初の段階では、自分の耳を頼りに言葉を聞いてほしいと考えるからです。

お山の幼稚園では六十年以上にわたり、年長児を対象として俳句の素読《そどく》の時間を設けています。日本の教育をふりかえるとき、戦前までは子どもに素読をさせる伝統がありましたが、今は素読という言葉自体を知らない人が多いかもしれません。素読と音読は異なります。音読は声に出して文を読むことで、目の前には文字が必要です。一方、素読で文字は使いません。字を目で追うのではなく、先生の声を耳で聞き、それをそのまま繰り返します。音読は一人でできますが、素読は先生と自分、できれば一緒に声を合わせる仲間が必要です。

文字を使うと家で予習も復習もできるので効率的にちがいないと大人は考えます。しかし、文字を使うと「後で読めばいい」となりがちです。そして、その場で集中して先生の言葉を聞くという態度はおろそかになります。なにごとにも適齢期があって、幼児が得意とするのは、目で見て文字を覚えることではなく、耳で聞いて言葉を記憶することだと思います。

さて、そんなことを思っていたら、今から二千年前のローマの英雄がヒントをくれました。そうです、あのカエサル（シーザー）が同じことを述べているのです。カエサルによれば、ガリアの支配階級であったドルイド僧の教育は文字を使いませんでした。弟子たちには口伝えで教義を教え、文字に記録することを許しませんでした。「学ぶ者が文字に頼って暗記に精を出さなくなるため」とカエサルは説明しています。

ここで言う暗記とは、耳で聞いた言葉をそのまま記憶し復唱できることを指します。耳で聞く機会は限られるので、いきおい集中力が鍛えられます。カエサルも、戦場という現場で交わす言葉になにより信を置いたわけで、文字を使わないドルイド僧の教育に共感したふしがあります。

では、実際に子どもたちはどの程度まで耳で言葉を把握し記憶できるのでしょうか。園で俳句の時間をもつのは週に二日だけで、時間にして一回が十五分程度です。子どもたちに紹介する俳句は学期ごとに五句ほどで、年間（三学期間）で十五句程度です。子どもたちが俳句に接する時間は全体の活動から見ればほんの微々たるものでしかないにもかかわらず、子どもたちの記憶力は素晴らしく、繰り返し声に出せば、その日のうちにひとつの俳句をまるごと暗記します。

たとえば、小林一茶の「かたつぶり　そろそろ登れ　富士の山」を初めて子どもたちに紹介した日のことです。全員で何度も声に出した後、私が最初の二文字（「かた」）を声に出すだけで、みなでその続きをきれいに朗唱できました。続いて、「発表できる人はいるかな？」と尋ねると、自信のある子が挙手をして直立し、五・七・五プラス作者名をしっかり声に出して発表しました。その数は一人や二人ではありません。二学期の終わり頃になれば、ほぼ全員が一度で覚えてみんなの前で発表できるようになります。

私が子どもたちと俳句に取り組むなかで感心するのは、そうした「瞬発的な」暗記力だけでなく、むしろ「持続的な」暗記力です。一学期の終わりに五句覚えた時点で、私は意地悪なテストをすることがあります。「年長さんになって最初に習った俳句は何だったかな？」と。それが思い出せたら「その次は？」と順に聞いていくのです。一学期なら全部を順に思い出せる子は半数近くいます。年度の終わりに一年分を正確に思い出せる子が毎年一、二名はいます。

芭蕉や一茶の俳句は一流の古典ですが、子どもたちは歌を覚えるようにそれに親しみ、元気に朗唱を繰り返します。五・七・五のリズムに慣れると、自分で身の回りの題材を使って「俳句」を作るようになります。素読教育は「型」の徹底ですが、子どもたちはそれを通じて創造のエネルギーを蓄えているのです。

私の家では小学三年から中学三年までは祖父が、高校時代は父が『論語』を家族に教えてくれました。全員正座し、挨拶をしたら黙想します。次に目を開け、耳で聞いた通りに唱和します。祖父は『論語』を「教えた」というより、素読の機会を設けた、というのが正確なところで、言葉の説明は最小限に留めてくれました。これは子どもの頭と心に「余白」を残すやり方です。子どもにとって言葉の意味はどのみち曖昧です。「かみ」を「上」でなく「神」と思うなど、耳では正確に音をとらえていても、意味はまったくとんちんかんに受けとめるものです。祖父は、「いつかわかるときが来る」というのが口癖でした。代わりに何十回も、何百回も同じ言葉を声に出し、繰り返すよう求めました。

私は中学校に入り、初めて『論語』の書き下し文を教科書で見たとき、とてつもない驚きと感動を経験しました。「おお、あの音はこの文字であったか！」と、旧知の友と再会を遂げた気分でした。「文字」さえ押さえれば、自分で解釈を試み、意味を調べることができる！　ここに、「音」だけの学びでは考えられない、自由な学びの可能性を直感しました。今にして思えば、自分で学ぶ姿勢を身につけるうえで、「型」を身につける素読はおおいに役に立ちました。

文字を使った本格的な学びは、中学生以上の年代にふさわしいと思います。私は『論語』の素読経験を中学校から高校までの英語学習に応用しました。テキスト全文を暗唱し、「暗写」をもって仕上げとする。これが自分に課したルールでした。暗写とは何も見ずに元の言葉を一字一句間違わずに紙に書き出すことです。これができれば、学校の試験は教科書持ち込みと変わらぬ条件になります。余談ですが、その後大学でラテン語とギリシア語を学んだ際、試験といえば暗写でした。試験当日は白い紙が配られ、「覚えただけ書きなさい」と言われたのを思い出します。

素読と音読を中心とした学習の効能は多岐にわたりますが、「集中力」、「記憶力」、「持続力」を養成する基礎として、これに勝るものはないと私は信じています。

　さて、ふたたび子どもたちの音を聞き分ける力に話を戻します。課題の俳句を繰り返した後、いつも子どもたちの作った俳句を紹介するようにしています。この日はMちゃんの「うさぎはねぴょんぴょんはねる　おもしろい」という作品を紹介しました。これは二日前に紹介した「うさぎはね　ぴょんぴょんはねて　おもしろい」というKちゃんの作品とほとんど同じです。「あ、前にあった！」と言う声が聞こえます。「いや同じではないよ。どこが違うかわかるかな？」と私が子どもたちに聞くと、みんな黙って考え始めました。しばらくして「『る』と『て』が違う」と正解を言い当てる子が現れました。ご名答です。

　じつは、これらの作品のルーツは、ひと月前に紹介したYちゃんの「うさぎはね　ぴょんぴょんとんで　おもしろい」でした。私は続けて、「だいぶ前にYちゃんの俳句で似たのがあったね。どこが違うかわかる人はいるかな？」と聞くと、しばらくしてから、また「Yちゃんのは『とんで』だった！」と正解を言う子が現れました。これにはクラス担任の先生たちも顔を見合わせて驚きました。

　このように、小学校に上がる前の子どもたちには本来すばらしい記憶力が宿っています。それを発揮させずに文字を先に読ませるのは時期尚早であり、もったいない話だと思います。もちろん、文字とつきあうことは大切なことです。子どもの側から「これはどう読むの？」と聞かれたときや、兄や姉の真似をして文字を書きたいと言われたときは、できる範囲で教えてあげたらよいでしょう。しかし、就学前の言葉の教育をどうするかと問われたら、私は耳を頼りとした言葉とのつきあいを優先したいのです。今の時代は、年齢の早い段階から音でなく文字に頼りすぎる傾向が見られます。カエサルの警告ではありませんが、文字をあてにしすぎると、記憶力だけでなく対話の力も落ちていくように思います。

III 子どもの好奇心

第9章

楽しむ——楽しむことを学べ

意外に思われるかもしれませんが、実は幼稚園と大学には共通点があります。どちらも「正解」のない世界での「遊び」が意味をもつという点です。また、数字による評価が意味をもたない点でも共通します。答えのある世界でどれだけ高い評価が得られても、そのことは大学での学問をどれだけ楽しめるかの指標にはなりません。同様に、幼稚園児が教科の先取りをして、答えがある世界に早々に馴染んでしまうことは、園生活そのものを楽しむうえではマイナスです。

好奇心は遊び心から生まれます。幼児期にどれだけ五感を使って遊びこめるか。その経験の有無が、その後の人生を——人間としてのポテンシャルの大小を——決定づけると言っても過言ではありません。そのことは、大学で十二年間教えた経験から言える実感です。

「遊び」は工夫と挑戦とチームワークの原体験になり、「好き」と「得意」の感覚の基準を作り上げます。泥団子しかり、虫取りしかり、鬼ごっこしかり、自分一人で、あるいは気の合う友達とともに作り上げる手作りの遊びはお金もかからず、飽きることがありません。子どもたちは大人が想像する以上に手間暇かけて「楽しさ」を追求し、子ども本来のポテンシャルに磨きをかけ、チャレンジ精神を養っていきます。

子ども時代に好奇心に輝いていない子は一人もいません。山の上にある園では毎日様々な植物や昆虫との出会いがあります。子どもたちは知らない植物の実や珍しい蛾の幼虫を見つけると、すぐに「せんせい、見て見て！」と育子先生を呼びにきます。そして「これなあに？」と聞いてきます。ある日のエピソードを育子先生のブログから紹介しましょう。

「せんせーい、すごい毛虫がいるよー」と知らせてくれたのは年中児の男の子。葉っぱの下にポトンと落ちていたそう。「まあー、すごい形してるねー」といいながら、早速いつものように子どもたちと図鑑のページをめくり確かめる。実は、この瞬間の子どもたちの目は一途で真剣そのものなので、「待った」が許されない気さえする。一般の昆虫図鑑に載っている幼虫の種類には限界があるため、図鑑の中に探し当てられなかった時にはとても残念な思いが残っていた。きっと子どもたちもそうだろう。確実に、園内の植物に産みつけた蝶や蛾などの幼虫のお名前が調べられるように『日本産幼虫図鑑』（学研）なるものを探し抜いて調達した。これは重いが素晴らしいと言わざるを得ない図鑑だ。子どもたちの目はとても鋭く、ページをめくる度に「ちがう、ちがう」と厳しいくらいの声がかかる。ついに、「これやー！」「そや、これやー！」と一斉に声がした。アップで見ると、虫が嫌いな人は恐らく飛び上がるかと思われるくらいドラマチックな姿のこの幼虫は、「タテハチョウ科　ルリタテハ」の幼虫と判った。

「これなあに?」という問いに丁寧につきあうと、子どもは大人を信頼します。手間をかけて一緒に何かを調べ、わかる喜びを共にすると、そのプロセスから子どもは何かを吸収します。「答え」が大切なのではありません。子どもが何かを問うたとき、「よし、一緒に考えてみよう」とじっくりそばに寄り添うことこそが大切なのです。そうすれば、子どもたちは時間をかけてものを考えるようになるでしょう。

大人が目的意識をもちすぎることは、子どもたちの豊かな成長には逆効果です。大人はしばしば「有益性」を基準に判断するので、面白いものに気づかないばかりか、無意識のうちにその追求に水を差す側にまわります。同様なことを、古代ギリシアの哲学者プラトンも指摘しています。

たしかに哲学をしている最もすぐれた人々でさえ、一般大衆にとっては役に立たない人間なのだ、……。ただし、役に立たないことの責《せめ》は、役に立てようとしない者たちにこそ問うべきであって、すぐれた人々自身に問うべきではないのだ……

（プラトン『国家』第六巻、藤沢令夫訳、岩波文庫、下巻）

「哲学」は英語のフィロソフィー（philosophy）の訳ですが、語源をたどれば、「知を愛すること」という意味の古典ギリシア語です。「これはなんだろう?」、「なぜこうなるんだろう?」と、幼児があたりまえのようにもっている好奇心も、いうなれば「知を愛すること」であり、子どもたちは小さな哲学者なのです。目的や有益性を追求するあまり、「早期教育」を進めるならば、ますます「哲学」離れが進んでいくことになるのではと心配です。

「好奇心」がどれほど大切なものかについて、物理学者アインシュタインは次のように述べています。

あなたのしていることの理由を考えるために立ち止まってはならない。なぜ自分が疑問を抱いているかを考えるために立ち止まってはいけない。大事なことは疑問をもつことを止めないことだ。好奇心はそれ自体で存在意義がある。人は永遠や人生や、驚くべき現実の構造の神秘について熟考すれば、必ず畏怖の念にとらわれる。毎日この神秘のたとえわずかでも理解しようと努めれば、それで十分である。聖なる好奇心（a holy curiosity）を失うな。成功した人間（a man of success）でなく、価値ある人間（a man of value）になろうと努めよ。

人類は月にロケットを飛ばすことにより、月にウサギが住んでいないことを証明しました。それでも、私たちは依然として、夜空に静かに浮かぶ月を見て、心を打たれます。しかし、能率を尊ぶ「成功した人間」は月を見ないかもしれません。月を見る時間は無駄なものだと言って。それに対し、聖なる好奇心をもつ人は、価値ある人間（＝価値のわかる人間）として、自然や人生の不思議さ、複雑さにも目を向けるでしょう。そうした姿勢こそ、「人間性」と呼べるものではないでしょうか。

目の前のものが役に立つのか。本当に役に立つものとは何なのか。それはいつになったらわかるのか。答えの出ない問いです。それならば、「役に立つことより、面白いことをやってみよう」と思えばいいのではないでしょうか。面白いものなら目の前にいくつもある。面白いことをするチャンスはいっぱい広がっている。

「楽しむことを学べ」とは、ローマの哲人セネカの言葉です。ここで言う「楽しみ」とは、その場かぎりの享楽でもなければ、外から与えられる娯楽でもありません。一日のすべての時間を楽しむこと、人生を楽しむことを学べと言っているのです。子どもたちが夢中になって遊んでいる姿をじっと観察していると、セネカのこの言葉が聞こえてきます。

第10章 味わう——絵本の世界を旅する

子どもは絵本が大好きです。本そのものの面白さはもちろんのこと、本を読んでくれる親の優しさが心にしみ入るからです。

善悪の判断の定まらない子ども時代には、たっぷり言葉の栄養を与える必要があります。乳幼児にとっての授乳と同じく「言葉の授乳」が必要な時期があるのです。これは、他人任せにできることではありません。絵本の読み聞かせをとおし、子どもは無言のうちに親の愛を感じ、いずれ自らの力で大きくはばたく糧を得ます。

ジョン・バーニンガム作・絵『ねえ、どれが　いい？』（評論社）というユニークな絵本があります。もし「ゾウにおふろのおゆをのまれちゃう」、「ワシにごはんをたべられちゃう」、「ブタにふくをきられちゃう」、「カバにベッドをとられちゃう」としたら、「ねえ、どれが　いい？」といった具合に、子ども泣かせの「究極の選択」が用意されています。それぞれの選択肢をイメージ化した挿絵は、どれもユーモラスでとぼけた味わいがあり、絵を見ているだけでも時間を忘れ、空想の世界に引き込まれます。

どのページを開けてもまともな選択肢はひとつもなく、子どもはどれが一番「まし」かを真剣に考えます。この「真剣に」というのが重要なポイントで、大人は子どもが「えーっと。うーんと」と一生懸命考える姿を見ているだけで和めます。「ぼく（わたし）はこっち。だって……だから」。答えを決めた子どもが語り始めたら、大人も相槌《あいづち》を打ちながら、筋書きのないおしゃべりに花を咲かせましょう。一緒に絵本を見ながら交わす他愛のないおしゃべり。これこそ、作家がねらい、目指したものだと思われます。

日常をふりかえれば、大人はどうしても常識を頼りに意味を求め、無意味を排除しがちです。空を見る回数は減り、白い雲の形を見て何に見えるかを考えることもなくなります。でも、子どもは本来「非常識」や「非日常」が大好きです。そして、大人も本当は同じなのではないでしょうか。

浜田広介『りゅうのめのなみだ』（偕成社）もそうした非日常へと誘ってくれる絵本です。誰もが恐れる龍をちっとも怖がらない男の子がいました。彼は龍に語りかけます。「ぼくはおまえさんをにくみはしない。いじめはしない。もしもだれかが、かかってきたら、いつだって、かばってあげる」。この言葉を聞いて、龍の目に涙が光り、やがてあふれ出します。

なぜ強いはずの龍が涙を流すのか。なぜ男の子が龍をかばうと言うのか。よく考えるとわからないことだらけです。それでも、子どもたちはこの本に惹かれます。人生のもっとも大切な何かにふれていることを、直感的に感じ取るのでしょう。その大切なものとは「〜しましょう」、「〜

してはいけません」といった、普段語られる類のものではありません。そんな「わかりやすい」形ではけっして語られない、しかし、自分の生と必ずつながっている大切な何かです。

私の両親はこの本を繰り返し読んでくれました。でも、「これはこういうことだ」という解釈はいっさいしませんでした。だから私にはいつも想像する自由がありました。あれこれ空想の翼を広げ、繰り返し絵だけを見つめていた子ども時代。耳を澄ませると、心を込めて読んでくれた親の声色が今も聞こえます。

将来子どもが「本好き」になる秘訣は、親自身が絵本の世界を味わうことです。親が童心に帰って子どもと喜びを共有する――絵本の最大の魅力はそこにあると思います。そして、親と一緒に本のページをめくる生活習慣は子どもの精神世界を豊かにしていきます。小学校以上の勉強において一番大事になるのが「国語」ですが、その基礎となる言葉のセンスは家庭での会話と、読み聞かせの習慣によって養われると言っても過言ではありません。

「今、忙しいから」といってテレビに子守りを任せるのではなく、どうか絵本をたくさん読んであげてください。なにも多くの絵本をそろえる必要はありません。気に入った本をボロボロになるまで繰り返し読んでも、子どもは飽きることはありません。上手下手も問題ではありません。心を込めて読むことに意味があります。「もういっぺん読んで！」と子どもがねだれば、それは心が通じている証拠です。

第11章 ひたる――没入体験の原点は幼児期の遊び

本を読んでいて次の言葉に出会いました。

人は極端になにかをやれば、必ず好きになるという性質をもっています。好きにならぬのがむしろ不思議です。好きでやるのじゃない、ただ試験目当てに勉強するというような仕方は、人本来の道じゃないから、むしろそのほうがむずかしい。

（小林秀雄・岡潔『人間の建設』新潮文庫）

勉強というと試験のために無理をして取り組まないといけないニュアンスがありますが、本当の学び（学問）は面白くてやめられないものだ。そのような趣旨のことを数学者岡潔は評論家小林秀雄との対談で述べています。注目すべきは、「好き」の前に「行動」がある、という指摘です。普通は、「好き」だから「行動」するのだと考え、子どもに対して「好きなことをしたらいいんだよ」というメッセージを伝えたりします。これは物わかりのよい大人の言葉に聞こえますが、結果的に子どもの行動をせばめることになります。

子どもは「好きだからやる」という発想をしません。面白そうだからまずやってみる。その結果、面白くなければやらない。子どもの行動はこの連続です。森のなかに連れていくと、目につくものに手当たり次第ふれ、いろいろなことに挑戦するのが子どもです。そして、本当に面白いと思ったことは時間を忘れて没入する。そして結果的に自分の「好き」なことを見つけていくのです。

一人遊び、複数遊びは問いません。自分（たち）でルールを決め、自分（たち）でそれを守り、行動に移す。その結果を踏まえ、もっと面白い遊び方はないか、自問自答し（相談し）ルールを変えながら、別の遊びを作り出す。子どもの遊びとは、こうした全身全霊を使った試行錯誤のプロセスであり、それを通じて人生を能動的に生きる基本的態度を養っていくのです。

子どもが将来自分の行動に責任をもち、自分の選択に胸を張って生きるには、このような「ひたる」経験、すなわち「遊び」と呼ばれる没入体験が大事な鍵を握ります。それは、一人一人の子どもが心のなかで「よし、やろう」と思って始める主体的行為であり、周囲の大人に「これをやりなさい」と言われて行う受け身の行為ではありません。

私たち大人はそんな子どもたちのために何をすればよいのでしょうか。答えは「黙って見守ること」です。たとえば、学校の図書室と子どもの関係を考えてみましょう。図書室を利用したことのない子どもに向かって、いきなり「好きな本を読めばいいよ」と言っても意味がありません。

その子にとっては森と同様、図書室の存在そのものがワンダーランドです。手当たり次第に本を読みあさるなかで、徐々に自分の好きな本の傾向がつかめるでしょう。その結果、大人が何も言わなくても、子どもはひとりでに好きな本を何回も読むでしょうし、気に入った作家の作品をすべて読み尽くすこともあるでしょう。

大人が最も心を砕くべきことは、子どもが「極端に何かができる」(何かにひたることのできる)環境を用意し、本人の自由な行動を保証することです。読書の話の続きで言えば、まずは大人が子どもを図書室に連れていくことが第一歩ですが、「あの本はだめ、この本はいい」などと口出しせず、子どもの自由な選択に任せることが大切です。子どもが本を選ぶうえで親の意向を気にするようでは、本の世界に百パーセント「没入」できません。結果的に本への関心も薄れていくでしょう。

幼児期にとことん遊んだ子どもは、学校での「学び」にもしっかり取り組めるはずです。本来の「学び」は、「遊び」と根っこでつながっているからです。子どもが学校で生き生きと「学ぶ」には、幼児の「遊び」と同様、大人は子どもを「黙って見守る」のがベストです。

こう言うと、「子どもは厳しく言わないと勉強しない」という反論が返ってくるでしょう。この場合の「勉強」は「学び」ではなく「義務」の別名であり、楽しいものではありません。親は「勉強しなさい」と口酸っぱく言い、子どもは勉強するのが嫌になって従わない。こうして親子ともに疲弊するパターンはよくあります。残念ながら、日本の教育では入試に合格するための

「勉強」が奨励され、「学び」を尊重する空気が希薄です。この点は残念に思いますが、現実がそうである以上、合わせる必要も出てきます。ではどうすればよいのでしょうか。

私は、義務として取り組む「勉強」についても、親が黙って見守るかぎり、子どもは自分のやり方で「遊ぶ」＝工夫して学ぶことができると信じています。たとえば試験でよい点を取るには何をどうしたらうまくいくか？　これをとことん考え、工夫し、実践する。うまくいっても、いかなくても、常に試行錯誤して結果を検証して先に進んでいく。たとえば授業中に黒板通りに写さず、一問一答形式にしてノートを取る。同じやり方をする友達と休み時間に問題を出しあう。勉強を広い意味での「遊び」に転換してしまえばいいのです。

子ども時代に「遊び」という没入体験を思う存分経験すれば、おのずと学校の勉強も楽しめるし、生涯にわたって「学び」の体験ともつきあえます。大人になって「好きなこと」を「仕事」にするもよし、義務としての「仕事」を「好き」に変える工夫をこらすもよし。子ども時代に「遊び」を通じて育んだ「好き」の気持ちを生涯もち続けることで、人生が豊かになることは間違いありません。

繰り返しになりますが、子どもの自信に満ちた行動の鍵を握るのが、親の「黙って見守る」姿勢にあります。「黙って見守る」とは、「勝手に遊んでおきなさい」と放っておくことではありません。遊びに没入する子どもの姿を見て、この経験こそ人生体験のもっとも貴重なものであると思えるなら、それで十分です。親にそのようなまなざしで見守ってもらえた子どもたちは、生涯

「遊び」の魂を輝かせ、勉強にも仕事にも前向きに取り組むことができると思います。子どもの「遊び」を通じて、実は親自身が自分の人生観、価値観を問われているのです。

第12章 繰り返す——反復は学習の母

外遊びの時間に園庭にいると、「せんせい、てつぼうみて！」と年長女児に呼び止められました。袖を引かれるままに鉄棒の前に行くと、逆上がりの練習を見守ることになりました。一回、二回、三回……。「すごいね。こんなに回れるんだ」。普通はこう言うと、納得したようににっこり笑ってそれで終わります。しかし、その子は違いました。四回、五回、六回……。まだまだやめようとしません。

何回したらやめると言うのだろう？　私はとことんつきあうつもりで、「これだけしたからもういいよね？」とわざと言いました。もちろん、返ってきた答えは、「いや！　まだしたい！」でした。あとはこの繰り返しです。数えるのは途中でやめましたが、軽く三十回は超えた頃、担任の先生とバトンタッチしました。その後も何度も練習を続けたそうです。

別のグループに目をやると、年長の男の子たちが大縄跳び（一人跳び）に挑戦中です。五、六人が整然と列をつくり、自分の番を待ちます。「一、二、三、……九、…残念！」。何度も一桁の数字が続いて交替していたのですが、ある子が二十の記録を出すと、負けじと他の子どもたちもその記録を抜いていきます。記録が更新されるたび、待ち時間は当然長くなるはずですが、しびれをきらすどころか数を数えるみなの声に力がこもります。それはそれはものすごい集中力。縄を跳ぶ子だけでなく、その場に居合わせたみんながその熱気を共有し、切磋琢磨します。しかし、この日は同時に多くの涙を見ることにもなりました。

「できなくて悔しい。ぼくは昨日はもっと跳べた。ぼくが失敗したのは先生の縄の回し方のせいだ。ああだったら、こうだったら…（涙）」。

私は、ときに慰め、ときに肩を叩き、背中を押して全員を応援しました。涙を流したり、悪態をつきながらも、ちゃんと列に並び、終わりの鐘が鳴るまで延々と取り組み続けた子どもたち。

こうした前向きな取り組みは翌日も同じ勢いのまま続きそうですが、実際はそうではありません。子どもたちの目線はすぐに次の面白そうなターゲットに向かうことが多いものです。それは竹馬であったり、相撲であったり、リレーであったり。私としては、子どもたちの心に「何か」のスイッチが入り、いつも「何か」に夢中になれるなら、対象がコロコロ変わるのもよし、と思って見守っています。逆にスイッチをオフにして、ぼんやり空を眺めている姿が見られても、それはそれで大切な時間だと思います。

保護者から、「子どもが飽きっぽいのでどうすればよいですか？」という相談を受けることがあります。小学校に上がってからちゃんと勉強ができるのかと心配されているのです。今紹介したエピソードのように、子どもたちはやるときはとことんやりますが、ちょっと目を離すとすぐに別の課題に取り組んだり、疲れて休んだりします。こうした「飽きっぽさ」は子どもの自然な姿であり、学齢が上がるにつれ学びの持久力がついてきますから、案ずる必要はありません。そして小学校のカリキュラムは、このような子どもの成長の特性を十分織り込み済みですから、親は先生の粘り強い指導力を信じて、学校に送り出してやればよいと思います。

入学後の最初の一週間、子どもは毎日学校で経験することをたくさん報告してくれるでしょう。親はどんなに忙しくても、時間をつくって子どもの話に耳を傾けてください。子どもにとっては一日一日が大冒険です。その冒険談を楽しんで聞いてください。子どもは不安から、あるいは親の気を引こうとして後ろ向きなことを言う場合もあるでしょう。そんなときでも、親は努めて穏やかに、そして前向きに受け止めてあげてください。

小学校の学習では、もちろん授業が一番大事なのは言うまでもないですが、その次に重要なのは家庭学習です。ラテン語の格言に「反復は学習の母である」という言葉があるように、帰宅後毎日「繰り返す」作業を「継続する」ことが大切です。ただし、小学校一年生の子どもが一人でこの習慣を身につけることは困難です。

では、親は何をすればよいのか？　家庭学習のコツは、親が最初から「教える」立場をとらないことです。子どもには先生から何をどう学んだかを自分の言葉で語らせましょう。親は「生徒」になったつもりで、子どもの「授業」を聞き、適宜「なるほど、こういうことね」と相槌を打つとよいでしょう。これは子どもにとって最良の復習になります。ちゃんと聞かなければ、ちゃんと教えられないからです。このやりとりがうまくいけば、子どもは明日も学校でしっかり話を聞こうという気持ちになるでしょう。

ポイントは子どもに主導権をもたせることです。親がグイグイ引っ張るスタイルは長続きしません。子どもの集中力を引き出すコツは、子どもが主体となる「場づくり」にあります。鉄棒や縄跳びを「させる」のではなく、子どもの取り組みを大人が上手に「見守る」とき、子どもは最高の集中力を発揮します。これはまさに幼児教育の姿勢にほかなりません。

家庭で、これだけはぜひ実践してほしいことがあります。それは、本の音読です。子どもに教科書の音読をさせると最初のうちはたどたどしいものです。それでも、子どもが本を読み始めたら、黙って聞き役に徹しましょう。つまった箇所はそっと補助するにとどめます。最初はそれで十分です。ペースができてきたら、時折「ここはこう読むともっと気持ちが伝わるんじゃない？」と伝えてもよいでしょう。毎日楽しく継続できれば、子どもはいずれすらすらと音読できるようになります。あせらず、子どもの上達を楽しみにしていてください。

幼少の頃から絵本を読んでもらっている子は、音読の基礎はすでに備わっています。そして、親が自分にしてくれたことのお返しとして、心を込めて本の音読をしてくれることでしょう。私が音読を重視するのは、それが将来の読解力を養うためであり、読解力はすべての科目の基礎になるためです。

第13章 探す——探究心を守る道

「わが子の探究心や好奇心をどのように伸ばせばよいか」と、保護者からよく質問をされます。私は園庭で無心に遊ぶ子どもたちを眺めながら、この問題についてはいつも別の角度から考えています。それは、「私たち大人はどのようにして子どもたちの探究心、好奇心を守ればよいか」ということです。「伸ばす」のではなく「守る」。ここで言う「大人」とは、私を含めた幼稚園の先生、ならびに保護者であり、探究心を何から守るかと言えば、教育と称する外からの働きかけです。

つまり、私は家庭あるいは幼稚園で行われる「教育」が、子どもたちの探究心を阻害する要因となりうると危惧しているのです。このように言うと、教育の世界に身をおきながら教育を否定するのかと問いただされるかもしれません。否定はしませんが、教育は諸刃の剣であると思います。そしてこのことを自覚する大人は少ないように思います。

一例をあげましょう。司馬遼太郎は中学時代に英語が嫌いになりました。理由は英語の授業中に「ニューヨークとはどういう意味ですか?」と先生に尋ねたら、「地名に意味があるか!」と叱られたためです。これをきっかけに司馬少年は授業に背を向け、図書館にこもって万巻の書物を読み始めます。

学校では、先生が自分のペースで授業を進め、生徒たちがそれを黙って聞くのが正しく、授業を妨害するのは悪いことだとみなされます。では、司馬少年の質問は授業の妨害だったのでしょうか。もし先生が違えば、この問いをきっかけに、ヨークにニューがついた歴史的背景を説明することで、授業の質を深めることもできたでしょう。

幼稚園や家庭でも同じ問題があります。虫探しに興じる子どもが部屋に入る時間になっても、なかなか部屋に入らない。家で子どもが何かの制作に夢中になり、早く片付けないと出かける時間に間に合わない。あるいは、作ったものが部屋中散らばって、ゴミのようになっている。片付けなさいと言うべきか、本人にとっては宝物だろうから、そっとしておくべきか。すべて「ダメ」と否定し、大人のペースに従わせるのも、逆に、なんでも「オーケー」と許容し、大人が子どものペースに合わせるのも、どちらもよくありません。

子どもの探究心を守るには、バツでもなくマルでもない、その中間のサンカクの時間が鍵を握ります。先の例でいえば、司馬少年の真摯な問いを拾い上げ、あえて授業の本道からそれる時間を取ること。たった五分でよいのです。虫を見つめ、部屋に入らない子がいたら、その子が何を見ているのか、黙って一緒に見つめる時間が大事です。たしかに「ニュー・ヨーク」って面白い名前だな、とか、このタマムシはなんてきれいな羽をしているんだろう、と心から思うことが肝心です。「ほら、玉虫は光の当たり方によって色が変わるね」、「玉虫色という言葉もあるくらいなんだよ」。子どもと一緒に心を動かすことができれば、声をからして命令を繰り返す必要はなくなるでしょう。たった一呼吸置くだけでもよいのです。子どもが心を奪われている理由を察知するには一瞬で足ります。その時間を共有し、最後に「きれいね」「面白いね」と言葉を添えるだけで、子どもは嘘のように部屋に走っていく。そんな場面を何度も経験しました。

この問題を突き詰めると、大人が子どもの心をもち続けているかどうかが問われているように思います。これはサン=テグジュペリが『星の王子さま』で書いている主題と同じです。

おとなは、だれも、はじめは子どもだった。（しかし、そのことを忘れずにいるおとなは、いくらもいない。）

（サン=テグジュペリ『星の王子さま』内藤濯訳、岩波少年文庫）

子どもにとって、自分が夢中になっている対象は恋人のような存在です。日常経験のなかで、それが幾度となく否定される経験を重ねれば、学齢が上がるにつれ、だんだんそのつらさや悔しさにも慣れ、いつしか子どもの頃に輝いていた目も曇ってしまうでしょう。日本人は世界的に見て驚異的なまでに時間通りに言われたように行動できますが、その代わりに失ったものは計り知れません。

いきものの池で何か発見

大勢の子どもたちが集う場所では、時間割にそって全員の行動を管理する必要があります。職務に忠実な先生が、子どもたちの「勝手な動き」をなんとかしたいという気持ちは理解できます。しかし、その「勝手な動き」とは大人の目で見たものの言い方で、立場を変えてみれば「自由な動き」の別名です。活動を妨害するような行為とて、自由を奪われたことへの反抗である場合もあるでしょう。

むろん「見守る」ことと「野放し」は大違いです。子どもはその違いを敏感にかぎわけます。子どもは親や先生が自分の共感者であるかどうかをすぐに察知します。共感者であるかぎり、「時間の管理」の問題は解決したも同然です。子どもも、大人の都合がどのようなものかがよくわかっています。大人が子どもの共感者であれば、子どもも進んで大人の協力者に変わるでしょう。大人が子どものやっていることを理解しようとせず、「そんなことをいつまでやっているのか」と心のなかでつぶやくかぎり、事態はいっこうに改善しません。

親であれ先生であれ、子どものよき理解者でありたいなら、子どもと同じことを一緒にやってみることです。勝手に体が動き出してしまうならベストです。たとえば、「ニューヨークの意味は？」と聞かれたら、待ってましたとばかりに答えるか、かりに知らなければ、「ちょっと待ってて」と断って辞書を引く。載っていなければ、「後で図書館で調べる。次の時間に」と約束して、本気で調べる。次の時間にその結果を伝えたら、子どもは間違いなく先生を信頼します。

子どもの疑問や行為のひとつひとつは、大人の目には取るに足らないもののように見えますが、その奥底に言葉に言い表せない「何か大切なもの」がいつもきらめいています。それが自分の宝物のように鋭敏に感じられるかどうかを、大人はいつも試されているのです。

Ⅳ　子どもの創造力

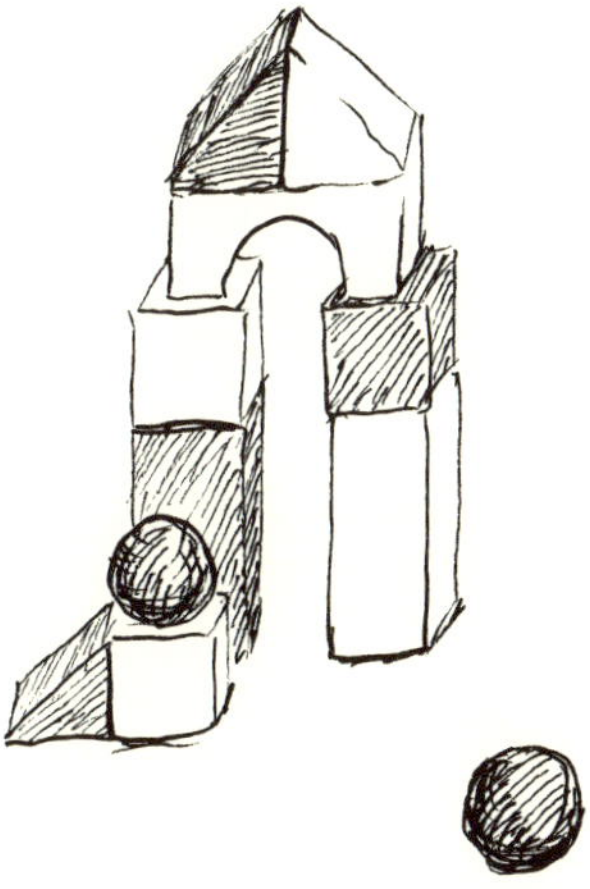

第14章 まねる——学ぶとは真似ぶこと

再現（模倣）することは、子供のころから人間にそなわった自然な傾向である。しかも人間は、もっとも再現を好み再現によって最初にものを学ぶという点で、他の動物と異なる。

（アリストテレース『詩学』松本仁助・岡道男訳、岩波文庫）

幼児を見ていると、この言葉はまさにそのとおりだと思います。

日本語の「学ぶ」は「真似《まね》ぶ」と関連し、「模倣は学習の基礎」と言われます。赤ちゃんは親や周囲のしぐさをまねることで、様々なことを学び成長します。乳幼児特有のごっこ遊びや見立て遊びも、広い意味での模倣の一種と言えるでしょう。

「わたし、お買い物にいってくるわ。あなた、おるすばんをお願いね」、「わたしもついていくわ。この子（赤ちゃん役）もつれていっていいかしら」、「しょうがないわね。じゃあ、あなたがめんどうをみてね。わたしはお買い物でいそがしいんだから」、「そろそろいかなくっちゃ。お店がしまるわよ」。

「ままごと」で遊ぶ子どもたちの会話を聞いていると、家庭の様子がしのばれると同時に、なぜか標準語で会話していることに気づきます。「なぜ標準語か？」というのは興味深いテーマですが、子どもたちは無意識のうちに、即興の「劇」を創作し、演じているのだと言えそうです（大人の世界でも、「劇」の台詞は基本的に標準語です）。

「まねる」とは漢字で「真似る」と書きます。つまり、真似る対象は真である必要があります。真とはなにか、古来様々な解釈がなされますが、それが表現の原動力になる点は確かです。そして子どもたちは「真」なるものに敏感です。

大人は子どもたちに「自分の言葉で表現してほしい」とか「自分の思ったように表現してほしい」と期待しがちです。しかし、子どもたちはその逆で、真似が大好きです。どうしてでしょうか。あるいは、幼稚園での取り組みは大人の目から見ると「真似」が中心のように見えます。たとえば、幼稚園の部屋をのぞき、壁面を飾る子どもたちの絵をみて「同じ絵ばかりだ」と批評される方がいます。ここはこうして、この色を塗って、という型にはまった指導を思い浮かべるのでしょう。しかし、私はものごとには順番があると考えています。

武道や茶道の修業における段階を表す語として「守・破・離」というものがあります。人が徹底的に模倣するとき（「守」）、いずれ模倣ではがまんできなくなるものです（「破」）。模倣と改変をめぐって試行錯誤を続けるうち、いつしか自分の味が出せるようになります（「離」）。誰もが、はじめは徹底した模倣からスタートするほか道はありません。「すてきだな、ああなりたいな」

という憧れや尊敬の気持ちから模倣は生まれます。

模倣の先に必ずその子ならではの創造があると、大人は信じるべきだと思います。ただし、「これは面白い！」と本人が心から思い、作業に没入した場合です。無理強いした取り組みには模倣も創造も期待できません。また、大人が評論家の目で子どもの取り組みに注目すると、子どもはとたんに活動への興味を失います。絵であれ工作であれ、子どもが「表現」と呼びうる創造的活動に没頭しているときは、「黙って見守る」に限ります。

さて、今用いた「表現」という言葉は、英語のエクスプレッション（expression）の訳語として明治以降に用いられるようになったものです。語源に即して言えば「力が加わった結果、何かが外に絞り出される」というニュアンスをもっています。では、その反意語は何でしょうか。正解はインプレッション（impression）です。日本語では「印象」と訳されます。英語の綴りをよく見てください。ex-pression と im-pression とをじっくり観察します。ex（外に）と in（内に）が、各々逆の方向を示しています。続く pression の部分は、プレス（押す）や、プレッシャー（抑圧）といった単語と関係しています。つまり「印象」（impression）とは「力が内側に加わり何かが刻まれること」です。

わかりやすい例をあげましょう。ミカンが目の前にあるとします。それを両手でぐいっと搾ります。手のひらはミカンを包むように外から中に力を加えるので、これが「インプレッション」のイメージです。一方、ある一定以上力を加え続けると、ミカンの皮は破れ、果汁が外に向かってほとばしります。内向きのエネルギーが限界まで蓄えられると、必ず外に向かいます。エクスプレッションは「表現」というより「ほとばしり」と訳した方がわかりやすいかもしれません。

今述べたことは、「守・破・離」と呼ばれる「真似から入り創造に至る」プロセスと同じです。対象が心を大きくゆさぶる（英語ではこれをムービング〔moving〕、日本語では感動的といいます）経験を重ねるとき、必ず「表現」（魂のほとばしり）が生まれます。それは人間に本来備わっている欲求に合致した自然な流れだと思います。

子どもが何かにあこがれて模倣を繰り返していたら、「表現」に向けての大切な準備段階だと解釈し、そっと見守ってください。子どもは模倣によって心の「印象」を強化しているのです。大人は一般にせっかちなので、「黙って待つ」代わりに「うちの子には才能がない」とか「真似ばかりしている」と判断しがちです。よかれと思って模倣を規制したり、何らかの指導を施すと、子どもの感受性は鈍ります。

以上のように見るとき、幼児期に一番大事なのは「表現」よりも「印象」です。それがいつどういう形で「魂のほとばしり」となって表れるか。それは将来のお楽しみです。子どもは元来誰もが感受性豊かであり、誰もが「真」なるものを模倣したいと目を輝かせています。その目を曇らせぬためにも、大人は子どもの「表現」に一喜一憂するのでなく、子どもを取り巻く環境が、模倣に値する「手本」を含むかどうか、常に注意を払うべきだと言えるでしょう。

たとえば、絶え間なくテレビの音を聞いて育つ場合と、森のなかでウグイスなど鳥のさえずりを聞いて育つ場合、どちらに「真」なる「手本」があるでしょうか。あるいは、まごころを込めた言葉を聞いて育つ場合とそうでない場合はどうでしょうか。「子どもは真似を通して学ぶ」とは、すべての大人にとって襟を正して受け止めるべき言葉です。たしかに「行うは難し」ではあります。しかし、大人自身がそうした言葉を「理想」として胸に抱き、それに近づこうと努力する姿勢もまた、子どもは黙って見ているのです。自分の言動が子どもにどう映るのか、また、子どもの目には何がどう見えているのか。大人はこのことに意を尽くすことが大切ではないでしょうか。

第15章

表す――心と対話する

『もりのかくれんぼう』（末吉暁子 作／林明子 絵、偕成社）という絵本があります。ある女の子がふとしたはずみに都会のなかの「森」に迷い込み、さまざまな動物たちとかくれんぼうをします。夕暮れ色に染まる森のなかで上手に隠れた動物たちを探し出すのは心躍るほど楽しいものです。やがて、女の子は自分を呼ぶ兄の声で覚醒し、現実世界に連れ戻されます。ただし手には森の木の枝を一本携えて。それまでの出来事は、「夢だけど夢じゃない」というわけです。

作品の背後には、開発され失われていく自然への哀惜と文明批判の香りを感じ取ることができますが、それは大人の読み方というもの。林明子による丁寧に描きこまれた挿絵の一枚一枚が子どもの冒険心を呼び覚ますでしょう。

以前、山の学校で小学校低学年の「ことば」クラスを担当していたときのこと。子どもたちのリクエストに応えて読み聞かせをしたのがこの本でした。季節は秋。本を読み終わると、「森に行こう！」と全員の足が園舎の奥に続く森に向かいました。落ち葉を踏むとカサカサ音がします。立ち止まって耳を澄ますと、森の生き物のコソコソ動く音が聞こえてくるかのようです。子ども

丸太をそろりそろり渡る

たちは即座にここを「かさこその森」と名付け、しばし木登りを楽しんだあと、「かさこその　森で遊んで　かくれんぼう」など、思いついた俳句を口に出し合い、しばし絵本の余韻を楽しんだのでした。

かくいう私も、小学校時代、学校から帰ると一人でその森に出かけては、あちこちの木に登ったり、藪《やぶ》に分け入り秘密の道を発見したりして、夕暮れになるまで遊ぶのが日課でした。一人でどこで何をして過ごしても、親にはまったく何も言われずにすんだのは、今から思うと幸福でした。「自由」の二文字について、学問的にどれだけ詳しく定義されようと、私のなかでは「あの経験」こそが自由そのものの定義であり、これからもそうであると確信しています。

森に行き、心地よい風を感じれば、誰もが

芸術表現を目指すでしょう。年長児と森に出かけると、どこからともなく「あ、俳句を思いついた！」という声が聞こえてきます（先の小学生たちと同じです）。見ると、指を折りながら五・七・五を数えています。そのたびに、厳粛な瞬間に立ち会っていると襟を正します。森で発見したものや、感じたことを絵に表す機会は豊富にあります。子どもたちは、めいめい森での遊びを思い出しながら、クレヨンやコンテ、水彩絵の具を使ってオリジナルの「森あそびの絵」を仕上げたり、寝転んで空を見上げたことを思い出し、全員で大きな紙に「空の絵」を共同制作し、部屋の天井に張ってみたり。スパッタリングや液体粘土に色を混ぜて塗りつける技法を用いることもあります（子どもたちが絵に取り組む様子や作品そのものの紹介は、育子先生のブログをご覧ください）。

子どもたちにとって、絵を描くことは大切な表現手段です。夏休みにお子さんが家にいる時間が長く、どうやって時間をつなげばいいのかと悩むご家庭があれば、絵を描く機会をふんだんに与えることをお勧めします。難しく考える必要はありません。ただ、紙を用意してあげるだけでよいのです。そして、子どもが「描けた！」と言って絵を見せにきたら、あれこれ批評せず、手に取ってじっと丁寧に見てあげてください。

絵は人間の心の奥底にかかわるものだと思います。大人が何か言葉でそれを批評するとき、子どもは生き方までコントロールされることを学びます。子どもが自由に描くにまかせておくのがベストだと思います。

私の家は幼稚園だったので、さいわい紙には事欠きませんでした。私は、自然のなかで思う存分遊び、家に帰ってはひたすら絵を描いていました。子どもなりに、いや子どもだからこそ、何か表現先を求めていたのだと思います。あの当時真剣に絵に向きあっていたときの張り詰めた気持ちは、今も心地よい思い出として残っています。

ちょうどグライダーが滑走するときのように、幼児に対してなにがしかの導きは必要でしょうが、いったん離陸したあとは、自由に大空を飛翔する喜びを子どもたちに存分に味わってもらいたいものだと願っています。

第16章 つくる——自由の精神を味わう

子どもたちはものづくりが大好きです。各クラスには折り紙や画用紙をはじめとする材料がストックされ、はさみやのり、テープなどの道具も自由に使えるようになっています。季節によっては、森で拾った木の実や葉っぱなども、材料のストックに加わります。

私の園では、自由に工作する時間を設けています。めいめいが自分でつくるものを決め、材料を選び、自分でイメージしたものをつくっていきます。男の子は新聞・広告紙や折り紙で剣や手裏剣、女の子はかわいいリボンやお花、首飾りやブレスレットなどを好んでつくります。子どもたちは、誰に命じられるわけでもなく、自分で自分に「よし、やろう！」と言い聞かせて作業を始めます。顔つきこそあどけないですが、作業に没頭する姿勢は大人顔負けです。子どもたちは、ものづくりをとおして、自由の精神を味わっているのです。工作では、アイデアを出す力、見通しの力が養われます。

幼稚園でつくった作品は、家に持ち帰ってもらうこともあれば、教室で一定期間展示する場合もあります。ある子に、「よくできたね。家に持って帰る？」と聞くと、「幼稚園に置いておいて。

（持って帰っても）捨てられるから」と言われたことがあります。できた作品をどのように扱うのかは、つくった本人と話し合い、納得する方法を選ぶのがベストです。子どもがつくりだす作品は膨大です。すべてを捨てずに保管するのは大変です。たとえば、一定期間、家のどこかに展示し、写真を撮って処分するという方法もあるでしょう。

幼児は道具の使い方がまだ未熟で、できあがった作品の精度は大人の目から見れば稚拙です。だからといって価値がないと判断され、「後片付けをしない」とか「ごみばかり増える」と小言を言われると、子どもの心はしぼみます。子どもは石ころひとつ、木切れひとつで様々なものをイメージする「見立て」の天才です。苦労してつくった作品には、それだけたくさんの夢がつまっているのです。

このことは頭でわかっても、ものづくりへの共感と理解がないと心から納得できないと思います。散らかし放題の子どもを見ると、つい許せないと感じるのが自然な反応でしょう。以前「子どもが朝起きてすぐに作品づくりを始めるので、せかさないと朝食もとらず、登園時間にも間に合わないほどです。どうしたらいいでしょうか」という相談を受けたことがあります。

こういう時、小言を繰り返すのはお互いにとって損なことです。一度作業の場所と時間、後片付けの方法とできあがった作品の保管方法について、親子で十分話し合うとよいのではないでしょうか。ただし、大人は子どもの制作活動全般への敬意を胸にいだいて話をかわさないと、一方的な条件の押しつけになり、子どもは納得しません。

逆に、日頃から子どもの絵や折り紙や粘土などを「作品」として親が認める良好な関係があれば、あえて「話し合い」をしなくてもすみます。「散らかし」の問題も、「さあ片付けよう」と一声かければすむからです。一般に子どもが親を困らせる時、子どもはその行為を通して親に問題提起をしていると言えます。根っこには子どものものづくりを親としてどう受け止めるか、という問題があります。

「うちの子は集中力がなくて」とこぼす保護者がいます。私はその子が家でどんな過ごし方をしているかをお尋ねします。話をよく聞いていると、親がさほど価値を見出せないものに夢中になっているという答えが返ってくることが多いです。たとえば「家では絵ばかり描いています」とか、「廃材でいろんなものをつくってばかり。後片付けが大変です」というような答えです。このような話を聞くと、幼い頃の自分を思い出しながら、自分が叱られているような気持ちになります。

私は幼稚園時代、絵を描くことが一番好きでした。家に帰っても、絵ばかり描いていました。その次に好きなのは、レゴでした（今と違ってシンプルな赤と白の二色しかありませんでした）。小学校に入ると、この二つに加え、ダンボール遊びが加わりました。小学校からの帰り道、お店の前に無造作に置いてあるダンボールを引きずりながら家に持ち帰ったものです。家では様々な素材と組み合わせていろいろなものをつくりました。たとえば「のりもの」と題した図鑑を開け、写真を見ながらひかり号や氷川丸などをレゴでつくったり、紙の素材で再現したり、一人で納得いくまで取り組みました。「いつまで？」と問われると、恥ずかしながら「小学校六年まで」と答えないといけません。

子どもの個性はみな違います。「なぜこんなものに夢中になるの？」というケースが多いかもしれません。そうしたとき、「よく飽きもせずに取り組むねえ」と面白がる心のゆとりがあれば、子どもの個性は守られます。親の目から見てどんなにつまらないと思うことでも、子どもが時を忘れて没入しているなら、そっとしておきましょう（後片付けの問題は別に話し合うとして）。少なくとも、それを応援できるのは今しかありません。私は小学校高学年のときに、油紙を使って等身大の鎧《よろい》と兜《かぶと》をつくりました。それを身につけカシャカシャいわせながら親の前に「わっ！」と現れた時、両親がそろって腰を抜かすふりをしてくれたことを今も感謝しています。

子どもはいつか「ものづくり」を卒業するときがきますが、その取り組みで培った集中力と自立心は次のステージで活かされます。独自の「面白さ」の基準をもっている子は、学校の勉強でも工夫を凝らすでしょう。ノートの取り方、予習・復習の仕方、試験対策の仕方において自分にプラスになる方法を考え、作業の見通しをつけて、積極的に試行錯誤を繰り返すでしょう。

子どもたちは生半可な気持ちでは、ものづくりに夢中になりません。それは大げさに言えば、「よりよく生きよう」、「より面白く生きよう」、「より自由に生きよう」と欲する人間の本能に根ざした行為なのです。親として、自由の精神を味わっている子どもを応援しない理由はありません。

V

仲間と成長

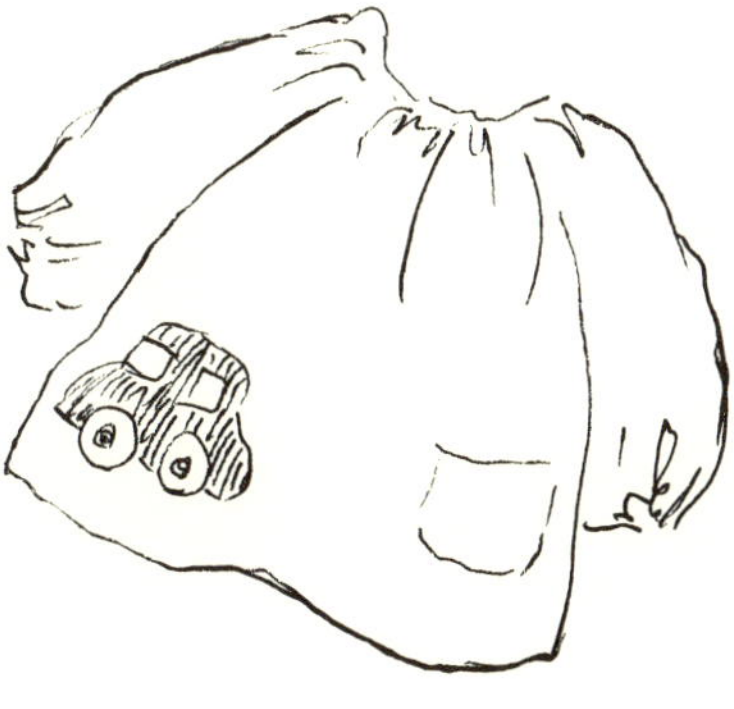

第17章

耐える――が・ま・ん

お山の幼稚園では毎月、その月に生まれた子どもたちを祝うお誕生会を開いています。毎回、先生たちの出し物の後、私から子どもたちにお話をします。

ある月のお誕生会で、「がまん」というお話をしました。

「昨日は、年長さんはこの部屋で歯科検診がありました。みんながまんして待つことができましたね。とても大切なことです。小さい組のみんなも毎日いろいろなところで『がまん』の練習ができますね。手が出そうになっても『がまん』する。『がまん』できることは、心が強い証拠です」。

信号には赤信号があります。赤信号では止まらなければなりません。同じように、青信号ばかりが人生ではありません。社会はお互いが少しずつ「がまん」し合い、譲り合うことで成り立っています。そうすることで、人は行動の自由を得ることができるのです。幼児期に学ぶ「がまん」のかたちはシンプルですが、人生の普遍的ルールにつながっています。

あるとき、年長組の男の子が、登園時に「何が何でも一番前で歩きたい」という気持ちが高じるあまり、「太陽がまぶしいから」と言っては泣き、「暑いから」と言っては泣き、最後には自分でもなにがなんだかわからずに涙を見せたことがありました。そのままなだめて部屋に連れて行けば、いずれ気は紛れるのでしょう。しかし、いつも気を紛らわせるやり方ばかりではいけません。

「しんどくても芋掘りはあんなにがんばったじゃないか」と励ましたうえで、少々つらいことがあっても、自分の思い通りにならないことがあっても、「お兄さん組は、がまんすることが大事だ」と話して聞かせました。普段から、「ギューして」（強く握手して）と求めては、「ぜんぜんいたくない」と自慢げに言う男の子なので、話のあとで、いつものように手をギューと握りしめ、何度か「がまん」の練習をするうち、笑顔が戻りました。二人で手をつないで部屋まで行く途中、私がわざと転んで痛そうにしながら、「こういうときでも？」と聞くと、「がまん！」と答えました。部屋の前でもう一度手をギューと握って「がまん」と二人で声をあわせて言いあってから、笑顔で別れました。

いろいろ乗り越えないといけない課題がそれぞれの子どものまえに訪れます。課題が難しいほど、越えられないもどかしさをうまく言葉に表せず、流す涙もあるでしょう。そうした気持ちを汲んだうえで、「それでも前を向いてがんばろう！」と伝えることは、子どもたちにとっても、大人の私たちにとっても大切だと思うのです（なかにはがまんしすぎる子どももいますので、個別に「がまんしなくていいよ」という言葉をかけることも必要ですが）。

ある年の十二月のお誕生会で、『かさじぞう』を上映しました。おじいさんの優しさにふれたお地蔵さんの目に涙が浮かびます。このシーンを子どもたちはじっと見ていました。映画が終わってから私は子どもたちに次のような話をしました。

「おじいさんは宝物がほしくてお地蔵さんに笠をかぶせてあげたのでしょうか。違いますね。では、お地蔵さんが『寒いよー』と声を出したからでしょうか。いいえ、お地蔵さんは何も言いませんでした。でも、おじいさんは寒そうなお地蔵さんの顔を見て、その気持ちがわかったのです。お友達のことを考えてみましょう。泣かずにがまんするお友達が周りにいるかもしれません。みんなもそういう気持ちになったことがあるかもしれません。そういう心の声を聞くことができるのは、とても大事で、とても大切なことなのです」。

子どもに接するとき、目に見え、耳に聞こえる声だけを頼りに事の判断をするのは十分とは言えません。子どもたちの心の声に耳を傾ける余裕がないと、「ごめんね」「いいよ」のやりとりが、形式的な「間に合わせ」に終わることもありえます。「ごめんね」と口で言いながら心で謝っていない（謝る理由がわかっていない）場合もあれば、「いいよ」と口で許しながら、心に悔しさがこみ上げるケースも出てきます。ひとつひとつの事例に際し、言葉のやりとりを丁寧に見守ること、言い換えれば、言葉を発する子どもの心の奥をのぞきこみ、本当の心の声を聞く耳をもつことが大人には必要です。

第18章

泣く――泣く子は育つ

四月は涙の季節です。入園したばかりの子どもたちは朝の通園時に保護者とスムーズに別れにくい一時期があります。そうしたときは、子どもを抱っこして、いったん親から引き離します。泣きじゃくる子どもは私に悪態をつくこともあれば、「ママがいいー！」を連呼しながら号泣することもあります。

抱っこして道を歩きながら、私は子どもの耳元で「先生は〇〇ちゃんと幼稚園に行きたいな」、「幼稚園に着いたら、お庭のチューリップを見に行こうか」などなど、さまざまな励ましの言葉を繰り返します。子どもはそれでも「ようちえんに行きたくない！」と言い続けます。

しかし、子どもは泣くだけ泣いたら、必ず自分で歩こうとします。今まで、グループの集合場所から園までずっと抱っこし続けたケースはゼロです。泣くだけ泣いて、言いたいことを言い続けた子は、意外にケロッとします。こんなやりとりは、年少児一学期の風物詩といえるものです。時折思い出したように、秋以降も、あるいは年中になってからも、私の「抱っこ」が必要なケースもありますが、それは一時的なものです。

私たちは、年少の最初にどれだけ泣こうと、ちょうど大雨に見舞われても「やまない雨はない」と達観できるように、それが永遠に続かないことを知っています。だから、余裕をもって子どもを抱きかかえ、なだめながら送迎の道を行き来できるのです。心では「がんばれ、がんばれ」と応援をしながら。

周りの子どもたちも、その子を心のなかで応援しています。そして、ひとしきり泣いたその子が歩道に降ろされ、自分で歩けるようになったとき、「よかったね」と自分の弟妹のことのように安堵していることが顔に書いてあります。

先日、ある年長児が言いました。「ぼくもちいさいぐみのとき、○○ちゃんとおなじやった」と。そのとおり。私は今もその子の泣きじゃくる姿を昨日のことのように思い出します。私が「ちいさいぐみのとき、だれと手をつないでもらってたかな?」と尋ねますと、「△△ちゃんにつないでもらってた」と、こちらが想像する以上に当時のことをよく覚えています。「そやしな、ぼく、いま○○ちゃんと手をつないであげるねん」とその年長児は力強く言いました。

子どもたちが自分の意思で「一人で幼稚園に通う」と腹を決める日は必ず訪れます。これは、おそらく植物や他の動物にはない、人間固有の「決断」です。私は、今まで何百回も見てきました。涙を流しながら初めて親に手を振った子どもの姿を。

思えば、人間は「オギャー」と泣きながら人生のデビューを飾るもの。節目、節目で泣くのが自然かもしれません。ふりかえると、歴代の「大泣き」のシーンが次々とよみがえります。「あんなに泣いてばかりいたあの子が、野球部のエースで大活躍！　「へぇー!?」。この手のニュースはまさに先生冥利につきる大切な宝物です。

　涙は年少児だけのものではありません。年中児・年長児が大泣きすることもあります。それは勝負に負けて流す「悔し涙」です。私の園では秋の運動会で徒競走やリレーを行います。本番に限らず練習の段階でも悔し涙を流す子がいます。

　競技をするにあたって、子どもたちには、勝ち負けの大事さとともに、一生懸命がんばること、転んでも諦めずに最後まで走ること、バトンを落としてもしっかり走ることの大事さを話しています。そうして真剣に取り組んだからこそ見せる涙です。実際には泣かなかった子どもたちも、間近で友達が涙を流す姿を見て、自分のなかに「真剣に勝負に挑む気持ち」を目覚めさせているようです。

　同じ運動会の場でも、大人の競技に出た保護者が負けて涙を見せることはありません。それに対し、子どもたちにとって、運動会というイベントは、当日も練習の日々も、すべてが真剣勝負なのです。だからこそ大事な節目で「泣く」のでしょう。運動会が無事に終われば、子どもたちは精一杯力を出した爽快感を味わい、次の飛躍に向けての自信を得ます。

　年長児になると、自分の非を悟って流す涙もでてきます。ある年の冬、劇のけいこの途中に舞台の袖でふざけ始めた子がいました。注意をしても耳に入らず、なおかつ、周りの数名の子もそれにつられてしまいました。そこで、私はその日の練習を最後まで終えた後、クラス全員の前で話をしました。

「本番を前にして緊張するのはわかります。しかし、ふざけたり、笑ってごまかすことで真剣勝負から逃げてはいけません。自分の番が終わったら劇が終わるのではありません。舞台の上の人も、舞台の袖の人も、みんなで力を合わせてこそ、いい劇ができるのです。だから、がんばりましょう」と。静かな口調で諭していると、思い当たる数名の子が涙を浮かべて聞いていました。これも成長の節目で見せる涙と言えるかもしれません。

涙のクライマックスといえば、卒園式です。ある年の卒園式の翌日、次のようなメッセージを保護者から受け取りました。


卒園式、謝恩会を後ろで見守る最中も、お歌を歌いながら、食べながら、スライドを見ながら、両手で頬をぬぐうわが子に幾度となくハンカチを差し出そうかと思いましたが、本人は一度も振り向かず、ずっと前を見据えている様子でしたので、私もその姿をみつめました。こんなに静かに泣く姿は初めてでした。家路についてしばらくして娘が、「かなしいとなくでしょ。うれしくても涙でてくるでしょ。それから、かなしいけどうれしいときも涙がでるんだね」とつぶやきました。そして今日、時折、強い春風の吹くなかを散歩していたら、「かぜさんと　おててつないで　ひとっとび」と、うれしそうに言いました。それがなんだか晴れ晴れしい笑顔で、どんなときでもきっと子どもは一生懸命前を向いているんだなと強く思えました。

最後の「かぜさんと……」の言葉は、「よしっ」というふっきれた思いと少し背伸びした気持ちが、幼稚園で学んだ俳句の形に凝縮されています。卒園式という節目を越え、次の未来に向かって元気に「ひとっとび」していく。そんな子どもらしい潔さが目に浮かびます。こうして年少から年長までの三年間をふりかえると、幼稚園生活は「涙に始まり涙に終わる」という言い方ができそうです。子どもたちが節目で流す涙には、それぞれに大事な意味が宿っているのです。

第19章 超える――けんかを超えて成長する

「兄弟げんかが激しいのですが、どうすればいいでしょう?」という相談をよく受けます。泣いているのが弟・妹の場合、兄・姉を先に注意するのが一般的でしょう。しかし、先に年上の子を注意すると、往々にして返ってくるのは言い訳でしょう。

意外に思われるかもしれませんが、私は「親は兄・姉の肩をもってあげてください」とお話しします。まずは年上の子の言い分を先に年下の子に伝えてみてください。「あなたがお兄ちゃんの許可なくおもちゃをとったからお兄ちゃんは『やめて』と言いたかったのよ」などと。それを言った後で、年上の子に「でも、手を出しちゃダメよ」と注意すればいいのです。

もちろん、兄・姉が訳もなく、うっぷん晴らしのように弟・妹を叩いたりする場面もあります。このようなときは「年上の子の肩をもつ」理由がありません。しかし、本来、子どもは理由なく人を叩くものではありません。心のどこかに解消できない不満があるはずです。

それでは、なぜ訳もなく叩くのか? それはもしかしたら、兄弟げんかの際、「言い訳を聞いてもらえず、年上という理由だけで叱られる」という日常に原因があるのかもしれません。「ぼく／わたしのきもちをわかってもらえない」という親への不満もあるかもしれません。

　子どもたちは、本当は「けんかが悪い」ことは重々承知しているし、「かわいい弟・妹を自分が守ってあげないといけない」とけなげに思っています。それでも、自分でも何をどうしていいかわからず、悪循環と自己嫌悪に陥ることがあります。そして訳もなく、年下の子に当たってしまう。すべてに当てはまるとは思いませんが、私が今まで相談を受けた事例をふりかえると、ほとんどのケースがこのようなパターンです。

　であれば、「親は兄・姉の肩をもつ」方針でいきましょう。この言葉は極端ですが、これくらいの言葉を頭にインプットしておかないと現場ではうまくいきません。ややもすると「だめじゃない、下の子を叩いたら！」と親は感情的になりやすいからです。先に兄・姉の言い訳を代弁して弟・妹に伝えること。そうすれば、その後で穏やかに兄・姉を諭すことができます。この順序を間違わないことが大事です。

　兄弟げんかの話をしましたが、当然ながら、トラブルは園児同士の間でも日常的に起こります。ある四月の朝の登園の道でのことです。年少児のT君が、手をつないでくれていた年中児のK君の胸のあたりをふいに叩きました。「叩く」と言っても、年少児のすることなので、涙が出るようなダメージはありません。ただ、K君の顔がこわばったのは事実です。T君には正当な理由は何もなく、「やってみたけど…」と、私の顔をうかがうような表情が感じられました。

　私は、送迎の道中であれ、「どうしてもここはしっかり話をしないといけない」と思ったときは、列からその子を引き離し（全体の引率は他の先生に任せ）、ひざまずいて目と目を合わせ、子どもを注意することがあります。

ただ、このときは、それほど大げさに扱うほどのこととも言えませんでした。そこで、私はT君を叱るよりも先に、K君を褒めました。「さすがK君、お兄さんだからできることだよ」と。それからT君に対し、「T君、お手々で人を叩くのはおかしいよ。ほら、よく考えてごらん。普通はほかの人に叩かれたら叩き返すことがあるでしょう？　そしてけんかになっていくね。でも、K君をみてごらん。君に叩かれても、君の手をしっかり握ってくれているね。これがお兄さんだ」と諭したのです。

穏やかに語れば、三歳の子どもでもわかる理屈だと思います。いずれT君が年中児・年長児になったとき、優しく頼もしいお兄さんになることでしょう。そうした気持ちをこめて私は話しました。

そんな些細なことなどどうでもいいじゃないか、と思われる人もいるかもしれません。しかし、私には、このような小さいこともなおざりにしたくない、という気持ちがあります。

子どもたちは、幼稚園という社会に身を置き、互いに生活をともにするなかでお友達との関係を学んでいきます。時にエゴを出してけんかをしたり、その後、譲ったり譲られたりすることで関係が修復されていくことを経験することは大切なことです。毎日、喜怒哀楽をともにするからこそ、子どもたちは、友達をかけがえのない存在と認識していくのです。私たち大人は、そのつど、子どもたちを諭し、「本来あるべき姿」を伝えていくことが大切だと思います。

子どもたち自身、そのような学び（大人に諭される経験）を待望しているふしもあります。というのも、穏やかに諭した後の子どもたちは、心なしかスッキリとした顔に見えるからです。

子ども同士のトラブルに、他の子どもたちは無関心でいられません。遊んでいるふりをしていても、先生が話す言葉を、当事者以外の子どもたちもみんな耳を澄ませて聞いているのです。その言葉が他の子どもたちにとっても、「ぼくも／わたしもそう思う」と共感できるものであるならば、ひとつの事例を通じて、クラスの子どもたち全員が一段成長します。さらに、「この先生には自分の胸のうちを明かしても大丈夫」という信頼感も生まれるでしょう。

英語で「子ども」をインファント（infant）と言いますが、原義に照らすと「言葉を話せない者」という意味になります。子どもは大人に何かを訴えるとき、言葉でなく行動を通して大小さまざまなヒントを送ります。そのとき、大人は子どものために何ができるのでしょうか。日頃からこの問いを素直な心で考える姿勢を持つかぎり、子どもの示す様々なヒントに気づき、自ずと適切な対応ができるでしょう。他方、大人が自分の都合を優先するかぎり、そのヒントに気づかないか、たとえ気づいても自分勝手な解釈を下すだけになるでしょう。

一見些細な出来事のなかにも、子どもたちにとって、また、私たちにとって、大事な学びの機会が含まれています。それを丁寧にとらえ、一人一人の成長を心から願いながら、子どもたちを〈褒めることと諭すこと〉に心を砕くことが大切です。

第20章 合わせる――和して同ぜず

『論語』に「君子は和して同ぜず。小人は同じて和せず」という言葉があります。「和する」とは「協調すること」で、「同ぜず」とは「主体性を失わないこと」です。友達と力を合わせ、なおかつ自分らしさを失わないこと。これは幼児教育の理念に合致します。

孔子の言葉ははるか昔のものですが、「君子」を「お手本となる人間」、「小人」を「お手本とならない人間」と言い換えれば、その言葉の意味はぐんと身近に感じられるのではないでしょうか。「小人は同じて和せず」とは、「小人」は表面的に周囲と「同調する」だけで、心は必ずしも他人と「調和しない」と理解できます。大人の世界に目を向ければ、そのような例は枚挙にいとまがありません。

肝に銘じたいことは、大人の態度ひとつで「同調する」子どもの数をいくらでも増やすことができるということです。必要以上に厳しくしつければよいのです。子どもたちは大人の目を気にし、周囲と調和している「ふり」をするようになるでしょう。そうした姿勢が常となれば、人としての「自信」がないまま大人になります。

「和する」には、「同ぜず」の部分が重要です。そのためのキーワードが、「自信」です。大人が陥りやすい過ちは、「他と比べて自分は秀でている」という意識を子どもに植え付けようとすることです。それでは真の自信は得られません。他との競争に一喜一憂する生き方だと、「上には上がある」という意識、言い換えれば、「自分は常に劣っている」という意識を常に抱かざるをえないからです。一人一人にそのような意識があるとき、互いに力を合わせて協調することは難しいでしょう。

本当に自信のある子は、他人と競って自分のポジションを誇示しようとせず、「自分は自分（のやり方でよい）」と思っています。自己肯定感を育むには「好きなもの」をもつことが第一歩です。折り紙であれ、砂場遊びであれ、鉄棒であれ、時を忘れて取り組める何かをもつ子は、日々自信を深めていきます。他の子とワイワイ遊んでいなくても、その子はけっして孤立しているのではありません。クラスの子どもたちは、その子の真摯な姿勢を見逃さず、黙って敬意を表します。

およそどの幼稚園にも運動会や生活発表会があります。そのねらいは、子どもたちの「和する」心と「同ぜず」の精神がクラスとして花開く機会を提供することです。クラスが心を合わせてひとつのことに取り組む姿勢がもっともよく見て取れるのが、年長児の運動会のリレーと劇の発表です。

お山の幼稚園では、小学校の広いグラウンドをお借りして、運動会を開催します。年長児は二クラスの対抗リレーを男女別で行います。園児はバトンをもってトラック一周を走ります。小学六年生と同じ距離を走るわけです。クラスには足の速い子もそうでない子もいますが、全員もれなく走者になってバトンをつなぎます。リレーには勝ち負けがつきますが、その結果をどう解釈するかは、大人の導きひとつで変わります。

クラス担任は、「勝ち負けより大事なことがある」と話します。それは何か。勝負をすれば必ず勝者と敗者が生まれますが、勝ち負けがつくのは競い合う相手あってこそ、と教えます。勝っておごらず、負けてひがまず、という態度、また、一人一人がベストを尽くし、バトンを次の人に渡すことが何より大事だと伝えます。かりに足の遅い子がいたとして、その子がいることで勝敗に明らかに影響が出るとしても、子どもたちは声をからして応援します。その子がもてる力を出して一生懸命走る姿がクラスメートの心を鼓舞するからです。

年長の三学期には「劇の発表」を行います。この取り組みを通じて、めいめいが「和して同ぜず」の精神を経験します。クラスの男女比、人数を考慮に入れ、脚本は私が書きます。全員が小学生顔負けなほどのたくさんのセリフを覚え、舞台の上で演じるのです。私は、毎年劇の練習を始める前に、次のことを子どもたちに伝えています。「劇は、一人だけががんばってもよいものにはなりません。全員が心を合わせて『セリフの受け渡し』を最後までやり遂げなければなりません。運動会のリレーと同じです。リレーをしているとき、自分の役目が終わったからといって、観客席に戻りませんね。最後の最後までクラスの全員で走っている人に声援を送ります。劇も同じで、自分が演技をするときも、ほかのお友達が演技をするときも、同じ気持ちで一生懸命練習に取り組んでください」と。

私は、主役、わき役、善人の役、悪人の役をつくりません。それでも、どの役がいい、という個人の好みはきっとあるでしょう。しかし、「どの役もなくてはならない」ことを伝え、「力いっぱい自分の役を務めて、心に残るよい劇にしよう」と話すと、子どもたちは納得します。練習が始まると、子どもたちは比較的早い段階でセリフは全部覚えますが、どうしても声が小さかったり、ドキドキして人前でセリフを言えなかったりします。時にはセリフを忘れてしまい、立ち尽くすこともあります。それでも練習のなかで、「家でがんばって練習してきたんだな」と誰もがはっきりわかるほどの「成長」を感じられるとき、クラスの全員から自然と拍手が送られます。そのたび、私は子どもたちの互いを支え合う心の温かさ、友情に感激します。

そして迎える本番。みんながひとつになって舞台を作り上げるぞ！という子どもたちの熱意と演技が観客の胸を打ち、最後のフィナーレで割れんばかりの拍手が送られます。「和して同ぜず」の子どもたちが、幼稚園生活の最後に手にすることのできる最高のプレゼントが、この保護者からの拍手喝采なのです。

Ⅵ 親子の関係

第21章 分かちあう——思い出の種まき

私はよく先生たちに、「絵本がなくても子どもたちに自分の物語を語ってください」とお願いしています。子どもたちは、先生自身の体験した話や思い出話が始まると、目を輝かせて聞き入ります。

そして、「ピアノがなくても自分の好きな音楽を歌ってください」とお願いすることもあります。たとえば、大雨が降って、子どもたちと何もない場所で雨宿りをしなければならないとき、子どもたちとどのような時間が過ごせるでしょう?

子どもたちに伝えたいもの、語りたいものをもつ人は、絵本やピアノがなくても平気です。モノがあるから教育ができるのではなく、心があるから教育ができるわけです。お手本として思い浮かぶのは、『サウンド・オブ・ミュージック』のマリアさんでしょうか。

子ども時代は「モノより思い出」と言われます。たとえば長期休暇を前にして、様々な思い出作りの計画に余念がない家庭もあれば、忙しくてそれどころではないという家庭もあるでしょう。私はどちらであっても、親が子どもの未来に思いをはせる気持ちをもつかぎり、子どもにとっての思い出の種まきはいつでも可能だと思います。

私自身の子ども時代をふりかえると、両親は仕事で忙しく、家族全員での旅行は中学一年生の夏休みまで一度もありませんでした。そんな私の幼稚園時代の夏休みは暇でいっぱい、やりたい放題でした。家では絵を描くか、レゴで遊ぶか、工作をするか、なにか手を動かしていました。ひとりの時間はたっぷりあったので、いつも自分で何かテーマを決めて（たとえば船の絵を描こうとか、レゴで飛行機を作ろうとか）遊んでいました。

とはいえ、留守番のときは苦労もありました。あるとき両親の帰りがあまりに遅く、待ちわびる弟（四歳）と妹（二歳）の面倒を見るなかで、家のふすまをキャンバスにしてクレヨンで地図を描いたことがありました。「今お父さんとお母さんはここにいる。ぼくたちの家はここ。八百屋さんがここで、パンやさんはここ。もう少し待てばお父さんとお母さんは帰ってきはる。泣かんでいい」と。そう言いながらあちこち絵を描いているうち、弟も妹も面白そうだということで絵を描き始め、三人でおおいに盛り上がりました。

こうして私たちは大胆にも家のふすまいっぱいに落書きをしたわけですが、帰宅した両親は絵を見るなり大笑いしてくれました。そして私たちの「共同作品」を父は写真に撮ってアルバムに貼ってくれたので、今でもあれは夢ではなかったと思い出すことができるのです。つまり、父の取った行動は立派な思い出の種まきであり、その花は今も私の心のなかで咲いています。このように親の一瞬の判断ひとつでも思い出の種まきは可能なのです。私が親に感謝したいのは、そうやって幼少期の私の「暇」と「自由」を守ってくれたことです。

それからほぼ半世紀がたち、時代はあまりに忙しく、子どもたち、そして親たちを取り巻く社会環境は激変しました。しかし、人間の喜怒哀楽の根本が変わらぬ以上、子どもはいつの世でも子どもです。「すてきね」、「たのしいね」といった共感の輪が子どもの情緒を育てます。花や星を見て、大人が「きれいね」と感嘆するなら、子どもにとってそれは立派な物語であり音楽となるのです。

第22章 語らう——喜怒哀楽を共有する

私の娘は『こんとあき』（林明子 作・絵、福音館書店）が大好きでした。私は今でも『こんとあき』を手にするたび、小さかった頃の娘の言葉が聞こえてきます。砂丘村で砂に埋もれたキツネのぬいぐるみのこんを呼び続けるあきちゃんに向かって、娘は一生懸命「ここにいるよ」と絵のなかを指さしていました。『はじめてのおつかい』（筒井頼子 作、林明子 絵、福音館書店）も思い出の詰まった一冊です。みいちゃんが勇気を出してお店の人に聞こえるよう「ぎゅうにゅう ください」と呼びかける場面は、いつも読み手を交代して娘に大きな声で読んでもらったものでした。

同じ絵を見て、親子で喜怒哀楽を共有できる経験は貴重です。語らいのきっかけは絵本に限りません。一緒に絵を描くことや、歌を歌うことも楽しい経験になります。親が楽しいと思えばこそ、その経験は子どもの心に残ります。子どもが小さいうちは、どうしても言葉がけの大半が「命令文」になりがちです。だからこそ、子どもとの「語らい」の時間を大切にしてほしいと思います。

「語らい」という言葉を使いましたが、これは「語りあい」のことであり、音楽で言えば合唱のようなものです。「うちの子は園であったことを何も話してくれません」とこぼす親御さんがいますが、子どもから何かを聞きだそうと尋問してはいないでしょうか。子どもの言葉に静かに耳を傾けることと、親も自分の気持ちを素直に語ることが語りあいの基本です。といっても、難しいことではありません。親子で「一緒に」何かに取り組んだり、「一緒に」時間を過ごせば自然と語りあいは生まれます。たとえば、三人乗りの自転車をとめて、一緒に夕日を見つめている母子の姿を想像してください。「見てごらん。きれいな夕焼けねぇ」という母親の言葉は子どもにとって、子守唄のような深い安心をもたらすでしょう。竹馬やけん玉に取り組む子どもを励ましたり、「こうしたらもっとうまくいくよ」とコツを伝えるのも語らいの時間となるでしょう。

私の幼少時をふりかえると、家がいつも「語らい」に満ちていたことを思い出します。幼稚園時代、私は父と風呂に入るのが楽しみでした。湯船に浸かると決まって素話をしてくれたからです。父の十八番は鬼の出てくる怖い話で、歌舞伎にも出てくる「茨木童子」でした。語りながら、顔を真っ赤にして鬼のように熱弁をふるう父の身振り手振りが声色とともによみがえってきます。「語らい」という言葉を使うと、何かを「話さねばならない」気がして、少し気遅れするかもしれません。とくにお父さんたちにとって「語らい」という言葉は、照れくさく聞こえるかもしれません。しかし「沈黙の語らい」もあります。

娘が五歳の時、私は「レゴで高い塔をつくろう！」と提案して、二人で黙々とブロック積みに取り組んだことを思い出します。「二人で」「黙々と」というところがポイントです。できあがったらそれで終わりではありません。子どもは必ず母親を「見に来てー」と呼びます。そこに「うわー、すごい！」と絶妙の合いの手が入ることにより、家族で楽しい「語らい」を経験しました。

さらに思い出をたどると、私の家では夏の恒例行事として「肝試し」がありました。漆黒の闇に包まれる森を、懐中電灯を片手に進んでいく。歩くたび、自分の足音が他人のそれのように感じられ、思わず走りながら父の待つゴールにたどり着いたときの安堵の気持ちは今も忘れません。ある年は、ゴールすると同時に花火の音が聞こえ、見上げると夜空を彩る花火の輪。息を呑んで眺めたこともありました。

言葉をじかに交わしている時間だけが「語らい」に当たるのではありません。大人になってから、「こんなとき父ならどうするかな？」と真剣に考え、答えを模索するときも、父との語らいは立派に成立していると感じます。

その基礎となる経験を幼少時にどれだけ経験できるのか。後になって過去に戻ることはできないだけに、子どもの小さい今こそ、大人にはその大切さをかみしめてもらいたいと思います。子どもたちの本当の幸せのために、私たち大人にできることは、いつも身近な「あたりまえ」のなかにあるのです。

第23章 思い出す——家族の物語をつくる

思い出は夢を育てる源です。夢のある子に育てたいと思えば、思い出のある子を育てることです。

親になると、人は無意識のうちに、自分の親のしてくれたことを思い出し、それを模倣します。心に余裕がないと、この「思い出す」力が弱くなり、世の中の「常識」に従おうとします。その際「みんな~している」というフレーズが殺し文句になります。

世の中には、巧みに親の焦りをくすぐるメソッドがあふれています。「何歳では遅すぎる」、「ゲームはみんなもっている（=自分の子だけ仲間はずれにしてはいけない）」等々。メソッドは日進月歩です。手を替え品を替え、消費を促します。果ては何でも人任せにする風潮を助長します。そして、世の中の情報の「嘘」はしばしば話題になります。

しかし、自分の「思い出」に「嘘」はありません。たとえばテレビとのつきあい方について、私にはこんな思い出があります。年長児の時、テレビが初めてわが家にやってきました。父は三人の子どもを前にして、「見てよい番組は一日一本のみ。日曜だけ特別に二本」というルールを説明しました。また「テレビ線」のルール（＝テレビからいくつ目の畳の縁から中に入って見てはいけない）も「目を悪くしてはいけない」という子どもでもわかる理由を添えて厳命されました（この命令は私に対するもので、「三歳の弟、一歳の妹の目を守るのはおまえの役目だ」と言われた記憶もよみがえります）。

「今はゲームもスマホもある、時代が違う」と言われるかもしれません。しかし、「安易にものを買い与えない、安易に子どもの好きにさせない」という考え方には、子を思う親の真心がこめられているように思うのです。親にすれば、テレビやスマホが子守をしてくれたら楽かもしれません。でもそれは、親の都合です。子どもの未来を考えたうえでの親の判断は、「そのとき」には理解されないかもしれません。しかし、「将来」子どもが親になったとき、その真意を理解し感謝することでしょう。

こうした「感謝」の連鎖、言い換えるなら「思い出」の連鎖によって家族はひとつの物語となり、それを土台に未来に向かって生きる希望や夢をもつことができるのではないでしょうか。

最近はわが子にどう接すればよいかわからない親が増えているといいます。せっかちに答えを求める必要はないと思います。同じ人間は二人といないし、同じ時間は二度とないからです。過去に戻って生き直すことができない以上、自分を満足させる「正解」はありえないでしょう。ただ、過去から今に届く「思い出」の光は同じ強さで未来の道を照らしてくれます。

人生の岐路に立って二者択一を考える人から相談を受けるたび、私はいつも山道の二叉の道のことを思い浮かべます。どちらの道を選んでも、歩けばてっぺんに着くのです。右に行けば、右でしか見えない景色が見えますが、左に行って見える景色を見ることはできません。大事なことは自分の選んだ道を信じ、歩くことをやめないことでしょう。育児書は山道のガイドブックではありません。なぜなら、今この瞬間にこの地点を足でふむのは自分以外には存在しないからです。つまり、自分の人生の山道はまだ誰も登ったことのない山だからです。誰にも何も口出しすることはできません。

しかし、この山は一人で登るのではありません。家族で登る山道です。男の子の育て方がわからないというお母さんは、夫と語りあう時間をもつとよいでしょう。一番よいのは、夫に幼い頃の「思い出」を語ってもらうことだと思います。難しい話ではありません。たとえば家族そろってアルバムを見るというのもよいアイデアです。子どもにとって、両親の幼い頃の写真を見るのはなかなか興味深い経験です。もちろん、家族で子どものアルバムやビデオを見るのもよいでしょう。アルバムやビデオには家族と過ごした「時」が刻まれています。その「時」を家族で思い出し、懐かしむ時間もまた家族の「時」として記憶に刻まれます。そうした連鎖こそが家族の物語を形づくるのではないでしょうか。

「思い出」は何も命令しません。人が過去をふりかえるとき、自分は自分でよいのだという気持ちにさせられるでしょう。幼稚園に通わせている親は、入園当初のことを思い出してみてください。「わが子はこんなにも大きくなった」と感動するのではないでしょうか。そして、卒園する頃、過ぎ去った不安の日々は、懐かしい思い出話に変わっているでしょう。ただ単に時間が経ったからそう感じるのではありません。家族が時を共有し、それぞれが自分の立場で精一杯生きていたかどうか。この経験のひとつひとつを時間の経過が美しく彩ったもの、それが「思い出」であり、私たちを心の底で支えてくれるのです。

Ⅶ　親の姿勢

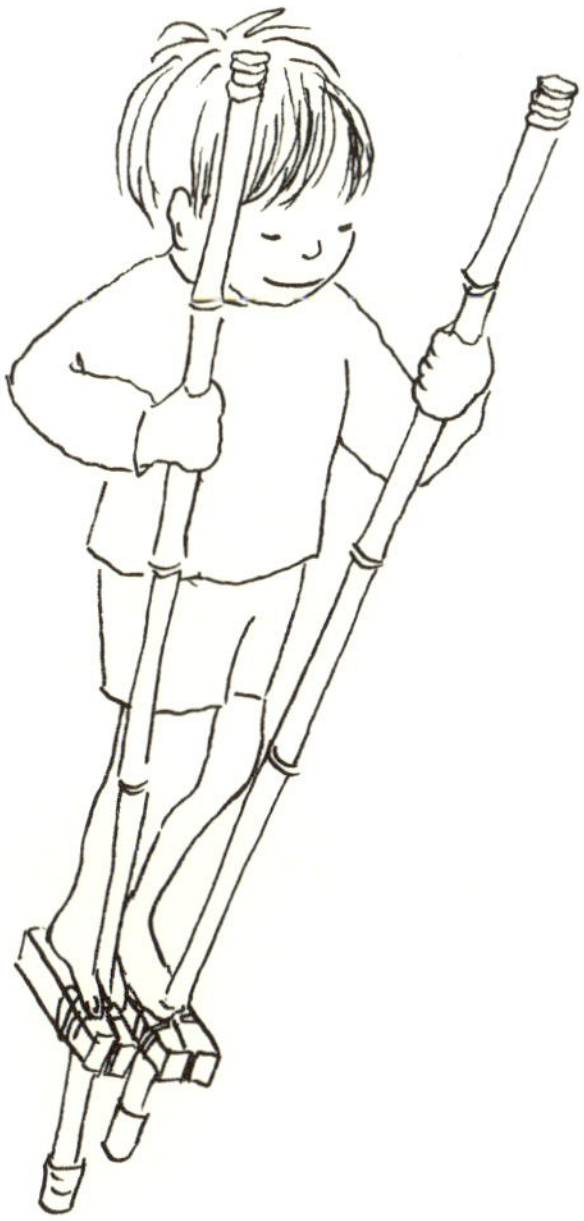

第24章 比べる——比較とは見失うこと

よく大人は子どもを叱咤する場面で比較を用います。友達のだれだれはできるのにあなたはできない、といった具合にです。実際、世の中には「比較」があふれています。新聞、テレビ、インターネットを通じ、各種ランキングを目にしない日はありません。私たちはそうした情報に興味を抱く一方、自分自身が比較の対象にされることは好みません。それは大人も子どもも同じです。このことは幼児教育を考えるうえで重要なヒントになります。つまり、教育においては、安易な比較は慎むべきだということです。

私たちが他者と比較されてうれしくないのは、自分が一人の人間として見られていないことを直感的に感じるからです。比較はいつも特定の部分に焦点をあわせ、全体を見ることはありません。小学校以上の教育では、試験の結果が個人の成績となり、数字による比較が重視されますが、その意義は尊重しつつも、あくまでも特定の条件の下での比較でしかないことを忘れてはなりません。

その意味で、幼稚園に通知簿や成績表がないのは大事なことだと考えています。幼稚園で大切にするのは、一人一人の人間としての成長です。子どもたちが日々どのように集団生活を送り、自分自身の関心の枠を広げたか。また、諸々の課題を乗り越え、かけがえのない自分の物語を紡いだか。クラス担任は、そうしたそれぞれの成長の記録を言葉で綴り、月末に保護者あてにお届けしています。

年度末には、担任から子どもたち一人一人に努力賞の授与を行います。賞状の言葉はみな違います。たとえば、「おともだちをおもいやるやさしいきもちをもち、げんきいっぱいなかよくあそぶことができたでしょう」といった言葉が書かれています。みな「～ができたでしょう」という言葉で終わる、世界に一つしかない「賞」です。先生が言葉を読みあげるあいだ、全員が輪になって読んでもらっているお友だちのことを考えます。大切で厳粛な時間です。

この努力賞のことで、卒園児保護者から嬉しいお便りをいただきました。小学校六年の担任の先生との個人面談で、「Sちゃんは時間をかけて最後まで粘り強く努力する点ではクラス一です」と言われた時、「もしかして」と思って幼稚園の年長の「努力賞」を取り出して見てみると、そこに「さいごまでねばりづよくどりょくすることができたでしょう」と書かれていたそうです。幼稚園時代、それぞれの担任の先生がいかにきめ細かくSちゃんの「よいところ」を見てくれていたかに思いが至り、「生涯、この努力賞を壁からはがすまいと思った」とのことでした。

私は教育における比較の功罪について、大人は今こそ真剣に考えるべきだと思いますが、競争の類を否定はしません。実際、運動会で徒競走やリレーを行い、勝ち負けをつけています。大事なことは、勝敗に一喜一憂することではなく、それぞれがベストを尽くせたかどうかです。かりに足が遅くても、走って転んでも、前を向いて最後まで走り切れば、それは立派な一等賞だと、私は子どもたちに伝えています。

社会に競争はつきものです。学校教育もしかりです。その競争を否定して問題が解決するわけではありません。他人と比べて自慢したり、安心したり、卑下したりする態度に問題があるのです。学校の課題に対して、自分がどれだけ理解できているかのバロメーターとして、数字による評価には意味があります。その結果が努力によってどのように変化していくのか。過去の自分と今の自分、さらには理想とする未来の自分の姿との間で比較を行うことには意味があるでしょう。

このことで思い出すエピソードがあります。私は小学校の低学年の頃、じつにぼんやりとした子で、試験の点数もよくありませんでした。あるとき、五問中三問しか正解が出せず、六十点の答案を持ち帰ったことがあったのですが、父は〇のついた問題を指さし「百点だ」と言いました。きょとんとしていると、「できたところは全部百点だ。残りの問題も同じようにできれば全部百点になるね」と。それ以降、試験を受けるたびにできた問題とできない問題の区別を意識するようになりました。この態度は後々受験勉強をするときも、語学の勉強をするときもおおいに役立つものとなりました。孔子も、「知らないことを知らないこととして意識せよ。それが知るということだ」と述べていますし、ソクラテスの「無知の知」も同じような趣旨の言葉だと思われます。

一人一人の子どもの内面には様々な気持ちが渦巻いています。うまく言葉に出せずにいるそうした思いを察知して、ときに共感し、ときに励ます。幼児教育の現場では、こうしたやりとりが、一番基本的な、そして一番大事なこととして、あたりまえのように毎日行われています。このような「幼児教育的視点」に基づくきめ細かな対応があれば、学校に通う多くの子どもたちのストレスも軽減し、やる気も倍増するのではないかと思います。

かりに今の学校にそのような対応を望むことができなくても、親ができることはあります。今この瞬間から自分が変わればよいのです。どうしても「比べてしまう」自分を内省し、かけがえのない子どもの「物語」を大事にすること。変えうる余地は多々あるはずです。そして、子どもにとって、「あなたはあなたでいい、オンリーワンなのだ」というメッセージを一番言ってほしい人、それは親をおいてほかにいないのです。

第25章　信じる——大器晩成

幼児教育で「信じる」必要のあるものはたくさんありますが、とくに大切な三つにしぼってお話ししたいと思います。

一つ目が、「人間の可能性」です。ゴム紐を伸ばすとき、何本も束ねるより一本だけを伸ばすほうが楽で、たくさん伸びます。たとえば、大学受験で合格することを至上命題としたとき、試験に出ない科目の勉強は最初から放棄したほうが合格しやすいと考えたり、クラブ活動や友達とのつきあい、家での手伝い、その他はやらないほうがいいと考えたりするのは、上のゴム紐の理屈で説明できます。目的を明確にするとは、ゴムの数をしぼることです。しかし、それはすなわち、自分のもつ様々な可能性をひとつずつ閉ざすことです。

前途洋々たる幼児期の子どもには、できるだけ多くのゴムを用意し、「ほどよく、むりなく、こんきよく」それらにふれさせ、なじませるのがよい、と私は考えます。促成栽培のようにすぐに芽が出て咲く花を育てるのではなく、最低でも十年先に「よかった」と実感できる、「大器晩成」につながる教育が大切だと信じています。

すべて成熟は早すぎるよりも遅すぎる方がよい。これが教育というものの根本原則だと思う。
（岡潔『春宵十話』角川文庫）

「大器晩成」とは老子の言葉です。岡潔の言葉も同じ趣旨のことを伝えています。「晩成」の「成」とは必ずしも世間的な成功を意味するものではなく、自分が人として授かった可能性を力いっぱい発揮して生きること、と言い換えてよいでしょう。しかし、人がそのように生きようと願っても、とかく頭の上から重石のようなものに押しつぶされ、うまくいかないのが世の常です。大人は過度の期待や命令のなかで生きており、短期間で「成果」を出すことを求められています。

それと同じことを子どもに求めていないかどうか。大人も一人の人間として、自分の人生を立ち止まってふりかえってみてはどうでしょうか。そして「いまもし自分が子どもならば、何をどうしてほしいだろう？」と問うてみるとき、「ぼくはぼく。わたしはわたし。信じて見守っていてほしい」という子どもの声が聞こえてくるはずです。その気持ちを心からくみとれたとき、「大器晩成」の意味が合点できると思います。

二つ目に信じる必要のあるものが「運命のはからい」です。人間の心身の成長は、はかりしれない運命や自然のはからいで成就します。しかし私たちはそれを忘れがちです。フランスの詩人ポール・ヴァレリーは言いました。「人間は泳ぎ方をあれこれ気にするが、自分たちを浮かせてくれる水の存在を忘れている」と。人間ができることはほんのごく一部です。親ができることも然りです。なにからなにまで親が背負わないといけないという気負いは、子どもたちの進路を窮屈にしてしまいます。親が未来の不安を先読みし、その原因を先回りして取り除こうとすることは、かえって子どもの「苦労を乗り越える喜び」を奪うことになるのではないでしょうか。

ですから、「なるようになる」という事実をかみしめ、「信じて待つ」ということの大事さに思いをはせたいと思います。子どもが生まれた頃のアルバムを開いてみてください。ここまで成長できたのは、両親のおかげであることはもちろんですが、それに尽きるものではありません。大きなところで運命に守られ、自然の恵みを受け、知人、友人、すべてのご縁のはからいによるものと考えられないでしょうか。そのはからいは、これからも目に見えない形でずっと続いていくのだと思うことができれば、「今の幸せ」をしみじみと実感できるのではないでしょうか。

三つ目に信じたいものは、「社会」です。「社会」とは友達のことであり、地域のことであり、世の中全体のことです（英語のソサエティー〔society〕の語源はラテン語で「仲間」を意味するソキエタース〔societas〕）。子どもたちは、幼稚園での遊びを通じ、行事を通じ、互いに信じあい、力を合わせ、一人では実現できないことをたくさん達成する経験を重ねます。こうした経験を通じて、子どもたちは、友達が自分を必要としているという事実を学んでいくのです。そして、これは大人の社会の縮図であるべきだと私は思います。言い換えれば、大人であるわれわれは、社会が自分を必要としているという事実を合点している必要があります。

一般に、テレビや新聞のニュースは、大人社会のよくない面を伝えます。それがデフォルメされ、強調されて子どもたちに伝わるとき、子どもたちは希望をもって将来世の中に貢献したいとは願わないでしょう。大人自身が「社会は信じるに値する」という事実を子どもに教えられなければなりません。これが教育にとって根本的な大前提です。人間は一人では生きられません。力を出しあい、よりよい社会を築いていく存在であり、そのために親は、家の外では仕事を通して、また、家のなかでは、将来の人材育成という観点で、子どもの教育を通じて社会に貢献しているわけなのです。

幼稚園では、「クラスのみんなで力を合わせましょう」といつも伝えています。大人社会に当てはめれば、「一人一人が力を出し合ってよりよい社会を築きましょう」というメッセージになるでしょう。この考えは、ギリシア・ローマ文化に由来する民主主義の基本ルールですが、残念ながらわが国では、十分根付いているとは思えません。政治は、為政者の善政を期待するだけで、そのうわさ話に一喜一憂する。自分たちは「競争社会」をいかに生き抜くかだけで頭がいっぱい、というのが多くの人びとの日常ではないでしょうか。

「競争社会」は学校教育にも影響を与えています。日々生き馬の目を抜く競争にさらされる大人が多いと、子どももその影響を受けます。学校の勉強は競争の手段になります。しかしそれは本来の学びの道ではありません。なぜ学校で勉強するのかと言えば、それは人間をつくり、市民をつくるためだというのが民主主義社会のコンセンサスです。言い換えるなら、市民社会を支える主権者となるために子どもたちは学校で学ぶ必要があり、けっして、立身出世に役立てるため、といった個人的な理由で公教育が用意されているわけではありません。

社会が目に見えない絆でしっかり結ばれていると信じる大人は、子どもを教育で追い詰めることはしないでしょう。一人一人の役割は違い、モノサシで測ったらみな凸凹しているけれども、誰もが自分のできることを精一杯やって、「世の中」という社会に貢献している点では何も変わりません。他者は競争相手でなく協力者であるという事実をまず大人から進んで信じたいと思います。

今あげた「人間の可能性」、「運命のはからい」、「社会」の三つのキーワードは、互いに密接に関係づけられています。子どもの教育を考える前提として、大人自身がこれらの大事な点について日頃からよく考え、自分なりの価値観を形成しておくことが大切だと思うのです。

第26章 ゆだねる——人事を尽くして天命を待つ

「人事を尽くして天命を待つ」という言葉があります。人としてできるだけのことをし、あとは天命にゆだねるという考え方を意味します。この言葉を逆の順序でいくとき、すなわち、天命を待たずに人事のかぎりを尽くすとき、心がしんどくなります。

私は「天命」という言葉の代わりに「たまたま」という表現を用いたいと思います。うまくいったのも、いかなかったのも「たまたま」と考えてはどうでしょうか。こう言うと、日頃うまくいっている人には、人生は「たまたま」では切り拓けない、すべては自分の努力の結果だと反論されるかもしれません。

しかし、うまくいかなかったときはどうなるのでしょうか。それも自分の努力不足のせいである、だから次はもっと努力しなければならない、ということになるのでしょうか。そうなると、どこまでも自分を追い詰めてしまいます。あるいは周囲に足を引っ張る原因を探すかもしれません。しかし原因探しはすべて徒労に終わるでしょう。人生に本当の意味での正解はないのですから。

ふりかえれば自分の人生そのものが「たまたま」の連続です。就職も結婚も例外ではありません。人生は、つきつめれば「努力」プラス「運」です。成功経験のある人ほど「運」の要素を忘れがちです。

天の眼から見れば、すべては「たまたま」であり、運命の采配の下に置かれています。失敗と思ったことが後からふりかえると「あれでよかった」と思える例、あるいはその逆の例は枚挙にいとまがありません。一言で言えば、「人間万事塞翁が馬」ということであり、この言葉も「たまたまにゆだねなさい」と意訳できます。

授かった子どもとの出会い、授かった子どもの個性も天の粋なはからいであると思えばよいのではないでしょうか。

子どものやることなすことは、大人の目から見れば失敗の連続です。それは、大人と異なり、失敗を恐れないからだとも言えます。その失敗を挑戦の結果と見ないで、未熟ゆえの過ちととらえてばかりいては、親も子もしんどくなります。果ては、「もっと言って聞かせないといけない」、「自分のしつけの失敗だ」と考えるならば、それは行きすぎです。

子育てはほどほどにがんばるくらいがちょうどよいと私は思います。小さいとはいえ、子どもには子どもの人格があります。子どもの身になって考えてみてください。自分の一挙手一投足を親によって「成功／失敗」で評価され、そのつど一喜一憂されるのは悲しいはずです。小さいながら心でつぶやいているでしょう、「自分は自分だ」と。

私は幸いなことに、これまで努力しない親を見たことがありません。だからこそあえて申し上

雪、大好き！

げたいのです。「人事を尽くして天命を待つ」と。「やるだけやっているのだ。あとは野となれ山となれ」とものごとを受け止めるくらいでちょうどいいのではないかと思うのです。

私は仕事柄、天気予報をよく見ます。運動会や遠足など、この日だけは絶対晴れてほしいと思っても、当日無情の雨だったということはしょっちゅうあります。そんなときは雨空をうらんでも仕方がなく、「雨降って地固まる」という言葉もあるように、予定が延びたことで得られるメリットをいろいろ考えるようにしています。

幼稚園に通ってくる子どもたちは、晴雨にかかわらずいつも前向きです。雨の日も普段と変わりなく、レインコートに身を包み、淡々と山道を登ります。年長児は、溝のなかを勢いよく流れる雨水をみて「すごいなー、すごいなー」を連発したり、「お山の上はどうなってるやろ?」と話し合ったり、「カタツムリがいっぱい出てくるんじゃない?」と楽しみにしたり、余裕の笑顔でおしゃべりしながら登園します。

一方、年少児のなかには雨がきっかけでたまに弱気になる子もいます。ある雨の朝、石段を登りながら「雨、きらい!」と年少児Aちゃんが言いました。雨が降らないといろいろ困ることがあるよ、という話をしていると、隣の年少児K君が、「雨が降ると、それが地面にたまり、その水がお空に上がり、また雨が降って……」と説明してくれました。すると後ろにいた年長児のT君が、「雨が降るとお花も喜ぶし」とナイスフォロー。こんな感じでたわいのない話をしているとAちゃんの笑顔も戻り、最後の石段も元気に登りきりました。

何事も心のもち方ひとつで見え方は変わります。雨が降っても、風が吹いても、太陽がまぶしく照っても、そうした自然現象は人間の受け取り方ひとつでポジティブにもネガティブにも見えてきます。人間の都合から見れば、春夏秋冬、完全に満足のいく日は数えるほどしかないでしょう。逆に、どんな天気であっても、自然の恵みに感謝できる人は、すべての一日一日が輝いて見えるはずです。

子どもの個性も同様です。慎重で思慮深いタイプの子も、ネガティブに見れば引っ込み思案な子になり、元気で活発な子も、見方ひとつで落ち着きのない子に早変わりします。「あばたもえくぼ」という言葉どおり、長所も短所もすべてが個性のきらめきであるとポジティブに受け止めるか、一方、欠点をなくせば完璧な子になると信じつつ、モグラ叩きのようなあら探しを続けるのか。

子どもにとってどちらの視点で見られるのが幸福であるか、答えは明らかです。自分の存在を全面的に認めてほしいというのが子どもの本音でしょう。そして、同じことは大人同士の人間関係すべてについても言えることではないでしょうか。

ローマの詩人マルティアーリスは「毎日その日の贈り物がある」と言いました。同じように、「すべての個性は天からの贈り物である」ととらえることも可能です。親がこのような認識でわが子に接すれば、どの子も水を得た魚のように、どこまでもまっすぐに成長していけるのではないでしょうか。

第27章

離れる——わが子から社会の人へ

親と子。奇跡とも呼べる不思議な縁で結ばれた関係です。ただし、『かぐやひめ』の話が示唆するように、いつか子どもは自立し、自分のもとを離れる日がくる、という覚悟でつきあう必要があります。子どもが自分の所有物であれば、自立はネガティブなことですが、自分の所有物ではないとすれば、自立はポジティブなこととみなせます。この点、血のつながりのない私たち幼稚園の人間は、純粋に子どもたちの自立のお手伝いに専念できます。一方、親は血がつながっているからこそ、自立を願いつつも、つい守りに入り、手を出し口を出し、それを妨げようとするケースが見受けられます。これが俗にいう「過保護」です。

子どもはいつも親を不安にさせる存在。そう思う親にとって、「過保護」は子どものためでなく、親自身の安心のために意味をもちます。子どもの失敗を見たくないから、手を差し伸べる。これが行きすぎると子どもから失敗のチャンスを奪います。「失敗は成功のもと」と言われるように、人間は失敗から学ぶ生き物です。そのチャンスが奪われると、自分から何もチャレンジしなくなります。そうなると、自信を得ることもできません。人間は、挑戦して初めて自信を得ることができるからです。

このようなことは、理屈としては多くの大人が知っています。しかし、子どもをもっと、つい「過保護」になってしまう親が少なくありません。理由は千差万別ですが、ひとつには、親自身が、子ども時代に「過保護」に育てられた可能性が考えられます。自信がないまま大人になったため、自分を信じる気持ちが弱く、子どもを信じることもできず、つい守りに入ってしまうのです。親は、自分が子ども時代にされたことを無意識のうちに繰り返す傾向があります。つまり「過保護」は連鎖するのです。

もちろん人間には無限の自己変革のチャンスがあります。結婚は大きなチャンスです。互いに相手の人格を肯定すればこそ結婚に至るのであり、これを機に人生を肯定的にとらえ直すことが可能です。出産もまたチャンスです。子どもが誕生すれば、夫婦は自分たちの来し方を語り合う機会を得るでしょう。子どもの寝顔を見ながら、互いに自分の小さかった頃の思い出を語り合うなかで、よかったこと、嫌だったことが浮き彫りになります。それを手がかりとして、二人で自分たちの「新しい」教育のビジョンをつくり直せばよいのです。これが「過保護」の連鎖を断ち切る大切な第一歩になるでしょう。

「子育ては親育て」と言われます。親が自らの内面を見つめ直し、自分たちが人としてどう成長していくかが、子育ての本質だという意味です。子育てに際しては、親が「失敗してはいけない」という価値観を捨てないかぎり、苦しい気持ちが続きます。逆に、毎日経験する喜怒哀楽のすべてがかけがえのない家族の思い出になるととらえれば、失敗や困難に過敏に反応することはなくなります。この違いは、つまるところ、各自の人生観によるものです。子どもをどう「変えるか」のノウハウでなく、親がどう「変わるか」の視点が大事だと思います。

保護者からよくいただく質問に、『過保護』と『愛情ある子育て』の違いについて教えてほしい」というものがあります。自分は一生懸命子育てしていると思っているけれど、それは見方を変えれば「過保護」ではないか、という迷いがあってのご質問です。親の子育ての目的が、子どもも本位か、親本位か、という点に着目すれば、両者の本質的な違いは明らかになります。真に子どもの幸福を願う親は、子どもの自立を心から祝福するでしょう。一方、親本位の子育ての場合、子どもの自立を応援するふりをして、実際は子どもをいつも監視し、コントロール下に置こうとするでしょう。日本語に「わが子」という言葉がありますが、子どもは同時に「社会の人」でもあります。子どもの自立を応援するとは、「社会の人」としての子どもの活躍を応援することです。子どもはやがて自分以外の他者――最初は幼稚園の先生やお友達――の助けを借りながら、徐々に「社会」を信じ、「社会」に貢献する喜びを学んでいきます。その過程が「自立」の一歩、一歩です。この一連の物語を心から喜べる親は、「愛情ある子育て」の実践者だと言えるのではないでしょうか。

「自立」と言うと「経済的な自立」を想起する人が多いようです。人間には、「自分は一人で食べていける」という経済面での自立意識も大事ですが、むしろ、「社会」のなかで、「自分は他者と力を合わせてうまくやっていけると思う」と感じる心理面での自立のほうが重要です。この意識は、第20章で書いた「和して同ぜず」の気概に通じます。

「社会」とは英語のソサエティー（society）の訳語です。日本語で「社会の人」と言うと、「会社員」や「仕事をする人」をイメージする人が多いかもしれません。しかし、第25章でも述べたようにソサエティーの語源は、「仲間」を意味するラテン語のソキエタースです。つまり、「社会」とは「仲間」のことであり、助けあう「他者」のことです。幼稚園の子どもたちは、「仲間」と力を合わせてがんばる喜びを日々経験し、やがて「仲間」と手を携えて「社会の人」として巣立っていきます。「わが子から社会の人へ」。幼稚園は、この旅立ちの準備をする最初の場所であり、親子それぞれの「自立」にとって大事な意味をもつ場所だと言えるのです。

あとがき

『論語』に「本立ちて道生ず」という言葉があります。「本」は「基本」のことです。小・中・高と続く教育の基本は幼児教育にあります。では、この幼児教育の基本とは何か。本書ではそのことを論じました。

ここであらためて人間の一生における基本とは何かを考えるとき、私は「三つ子の魂百まで」という言葉を思い出します。古来、この言葉とともに、幼児期の重要性が繰り返し指摘されてきました。しかし、一方で、この言葉は、「三つ子の魂〈を〉百まで〈持ち続けるべし〉」と読むことはできないか、と私は考えます。

英国の詩人ワーズワースの「子どもは大人の父である」という表現について、作家の司馬遼太郎は次のように述べています。「私の中の小学生が、物や事を感じさせてきて、私の中のオトナが、それを論理化し、修辞を加えてきたにすぎないのかと思ったりします。もっとも心にコドモがいなくなっているオトナがいますが、それは話にも値しない人間のヒモノですね」（神山育子『こどもはオトナの父――司馬遼太郎の心の手紙』朝日出版社）。

幼稚園は、子どもの中の「コドモ」――三つ子の魂――を守ることに加え、人は一人で生きられない以上、子どもの中の「オトナ」の萌芽を大切に育てる場所でもあります。言い換えるなら、「コドモ」と「オトナ」のバランスの取れた「公の人」を育てるのが幼児教育のねらいであり、それは本来、わが国の教育全体を貫く基本的な目的でもあるでしょう。

親にせよ、学校の先生にせよ、大人が大人然とするとき、子どもとの距離は遠くなります。大人が自分の中のコドモを守るなら、そのコドモは子どもの中のコドモと語り合うでしょう。その信頼関係を前提としたうえで、子どもの中のオトナに呼びかければ、子どもは「まっすぐ健全に」――司馬氏の言葉で言えば「ヒモノ」にならずに――育つのだと思います。

私と幼児教育との出会いは物心ついた頃にさかのぼります。祖父が開設し、父が半世紀以上にわたり園長を務めた幼稚園は、私にとって空気のように当たり前の存在でした。自宅兼園長室であった家の中で父と母が所狭しと動き回りながら、幼稚園の仕事と家事をやりくりするのを見て育ち、小学校の高学年からは自分のできる範囲で園の仕事を手伝うようになりました。

人並みに受験勉強をしていた高校三年の夏休み。以前から気になっていた父の著作『保父』を手に取り読みました。その第一章「保父誕生」に父の果たせなかった夢が書かれていました。父は日本文化の研究を夢見て文学部を志望し、浪人生活を過ごしていたのでしたが、あとひと月で入試だというとき、祖父の頼みを受け入れ、新年度から開設される幼稚園の手伝いを引き受けることになったのです。以来五三年間、この道一筋を歩みました。

急転直下で進んだ北白川幼稚園の誕生秘話は父の著作に譲るとして（園のホームページで内容を公開しています）、父がこのときの決断をけっして後悔していないこと、むしろ、生涯一保父として子どもたちと向き合う仕事のご縁を授かったことに感謝していることを知り、私は強い感銘を受けました。

さてその後、私は、父が志望した大学で西洋古典学（ギリシア・ローマ文学）の魅力に出会い、卒業後は修士課程で結婚。博士課程修了後は大学で一二年間教鞭をとりつつ研究と教育活動に邁進しました。一方、妻（現副園長の育子先生）は、結婚と同時に幼稚園教諭の資格を取って、私の両親の仕事を手伝うようになりました。しかし、二〇〇三年三月、父が体調を考慮して引退し、私はその後を継ぐために大学の職を辞しました。と同時に真の教養教育の復権を目指して私塾「山の学校」を立ち上げたことは「はじめに」に述べたとおりです。

人生の岐路に立ち、生きる「基本」をあらためて問い直したとき、妻と力をあわせて仕事をすることが、私にとっても、妻にとっても、ごく自然なことのように思われました。以来夫婦二人三脚で幼稚園の仕事に取り組んでいます。いみじくもギリシアの詩人ホメロスは、「夫と妻が心を合わせて家庭を営むほど素晴らしく力強いことはない」という言葉を残しています。これまでの人生を振り返れば、この言葉は家庭のみならず、仕事のうえでも意味を持つと信じております。

幼稚園の仕事は教育理念に基づく実践こそがすべてです。その基本となるのが、子どもたちだけでなく、保護者や先生の心の声を聞き、その心情を丁寧に汲み取ることだと思っています。一人でなく二人でそれを行う方が、よりきめ細かく、適切に対応できることを日々実感します。毎日がその積み重ねで、気づくと一五年の歳月が流れました。

本書の内容は、そうした日々の実践の一端を文章に書き起こしたものですが、私自身が幼児教育に軸足を置いて教育全般を見つめているため、どちらかと言えば実践を支える理論に重きを置いて語ったようにも思います。お山の幼稚園の実践編——自然教育、食育、絵画指導、その他の具体的な様子——については、妻のブログ（Ikuko Diary）をご覧いただければと願います。

本書が成るにあたっては多くの方々にお世話になりました。とりわけ、「こどものみらい叢書」を世に問う世界思想社の高邁な理念にこの場をお借りして深い敬意を表しますとともに、企画・編集でお世話になった川瀬あやなさんには厚くお礼申し上げます。

著者紹介

山下太郎（やました　たろう）
1961年京都市生まれ。京都大学大学院文学研究科博士課程修了。京都大学文学部助手、京都工芸繊維大学工芸学部助教授を経て、現在学校法人北白川学園理事長。北白川幼稚園園長。私塾「山の学校」代表。単著に『ローマ人の名言88』（牧野出版）、『しっかり学ぶ初級ラテン語』『ラテン語を読む』（共にベレ出版）、共著に『初めて学ぶラテン文学史』（ミネルヴァ書房）、訳書に『キケロー選集〈11〉』（岩波書店）、『ローマ喜劇集〈2〉』（京都大学学術出版会）など。

こどものみらい叢書②
お山の幼稚園で育つ

2018年4月10日　第1刷発行

定価はカバーに
表示しています

著　者　山　下　太　郎

発行者　上　原　寿　明

世界思想社

京都市左京区岩倉南桑原町 56　〒 606-0031
電話 075(721)6500
振替 01000-6-2908
http://sekaishisosha.jp/

ISBN978-4-7907-1712-6

「こどものみらい叢書」創刊のことば

終戦より七十余年を経て、私たちをとりまく世界は大きく変化しています。こどもの生活や教育の問題については、長期的なヴィジョンと個別の適切な対応が必要にもかかわらず、長い混迷状態から抜け出せていません。

私たちには、前の世代から受け継いできたものをより豊かにして次の世代につたえていく責任があります。そのために、いま一度、私たちの行為が「こどもたちの幸せにつながるのか」という視点に立ち戻る必要があるのではないでしょうか。

そこで当社では、さまざまな分野の専門家によるエッセイをとおして、こどもたちについてより深く理解すると同時に、こどもたちの生命と人権が尊重され、かれらが自由に未来を創造できる社会を考察しようと、本叢書を企画いたしました。

こどもは、一粒の小さな種子であり、遙かなる生命の歴史と叡智が詰まった贈り物です。また、こどもは芽を吹きはじめた一本の苗であり、みずから生きていく強い力をもっています。本叢書が、そんな可能性を秘めた小さな命を育む営みに少しでも寄与できればと願っています。

こどものみらい叢書

「こどもの幸せ」を守るために私たちは何ができるか？　これからの社会をつくっていくこどもたち、そのこどもたちを育てるおとなたちを応援するシリーズ。

☆①**おいしい育児**　佐川光晴
家でも輝け、おとうさん！

おとうさんが家事と育児をするのが当たり前になれば社会は変わる。主夫として二人の息子を育ててきた小説家が提案する豊かな育児生活。

☆②**お山の幼稚園で育つ**　山下太郎

歩いての登園、森の探検遊び、俳句の素読などユニークな実践をするお山の幼稚園。幼児教育の大切さを信じる園長が子ども達の輝く姿を綴る。

③**子どもが教えてくれた社会**（仮）　片岡佳美

子どもの言い分に耳を傾ければ、私たちがどんな社会をつくっているのかが見えてくる。家族社会学者による大人世界の辛口観察記。

☆は既刊

こどものみらい叢書

以降、続々刊行予定

お母さんのこころに寄り添う　高石恭子

こどものしあわせ、支えるしかけ　山田　容

子どもの心を育む遊び　松崎行代

私を育ててくれた本たち　中島京子

子どもが言葉にであうとき　永田　紅

書名は変更になる場合があります。